KB104665

오월의 정치사회학

오월의 정치사회학

그날의 죽음에 대한
또 하나의 시선

곽송연 지음

오월의봄

"왜 쏘았니? 왜 찔렀니? 트럭에 싣고 어디 갔니?"
: 오월광장의 질문에 답하기

1.

특별하게 잔인한 군인들이 있었다. 처음 자료를 접하며 가장 이해할 수 없었던 것은, 연행할 목적도 아니면서 반복적으로 저질러진 살상들이었다. 죄의식도 망설임도 없는 한낮의 폭력, 그렇게 잔인성을 발휘하도록 격려하고 명령했을 지휘관들.

—한강, 《소년이 온다》, 창비, 2014, 206쪽

그 도시 사람들이 그러하듯, 나 또한 아직도 생생히 기억한다. 수만 명 대한민국 국군의 총과 탱크에 포위된 채 분노와 죽음의 공포에 치떨며, 그 버려진 도시에서 그들만의 힘으로 홀로 견뎌내야 했던 그해 봄날 열흘의 낮과 밤을. "우리

는 죽어가고 있는데, 서울! 서울은 무얼 하고 있는가! 부산
은, 인천은 왜 이리도 잠잠한가!" 하고 외치며, 방송마저 중
단된 먹통 라디오 채널을 애타게 돌려대던 순간들을, 밀려
오는 탱크의 굉음에 쫓기며 구원의 손길을 목이 터져라 외
치던, 그 마지막 날 신새벽의 애끓는 절규를 …… 그리고 끝
끝내 어느 누구도 그 도시를 위해 달려와 주지 않은 채, 언제
나처럼 밝아오던 그 눈부신 27일의 아침을.

—임철우, 《봄날 1》, 문학과지성사, 1997, 4~5쪽

이 책의 의문은 바로 이 지점에서 시작되었다. '죄의식도
망설임도 없이 한낮의 폭력을 전시한 특별하게 잔인한 군인
들'과 지휘관들. 그들은 왜 그런 일을 벌였을까? 또 그들은 지
금 어떻게 되었을까? 게다가 그 폭력의 축제 속에서 '대한민
국 국군의 총과 탱크에 포위된 채 구원의 손길을 목이 터져라
외치던 도시'를 위해 끝끝내 아무도 달려오지 않았던 이유는
무엇이었을까? 그때 서울과 부산은, 인천은 왜 그리도 잠잠했
을까?

2.

그 봄날의 "특별하게 잔인한" 집단살해가 있던 해, 나는 초등
학교 3학년이었다. 그들의 공간은 포위되고 고립되었지만,
그보다 훨씬 더 먼 남도의 끝자락에서 짧은 유년기를 보냈던

내게도 바람 따라 들려오는 그들의 이야기가 있었다. 그것은 "구원"을 청하러 온 한 무리의 젊은이들을 동네 이장님이 먹이고 재워서 문제없이 돌려보냈다는 어른들의 소곤거림이었다. 사실 그 아스라한 기억 속에 저장된 장면은 기승전결이 분명한 전언이나 증언이라기보다 어떤 감각의 흔적에 가깝다. 여느 날과 다르지 않았던 평온한 시골 한 귀퉁이에서 누가 들을세라 목소리를 낮춰 속삭이던 목소리들에 묻어났던 은밀함과 두려움, 그리고 왠지 모를 안타까움과 안도가 교차했던 금단의 분위기.

이후 바로 그 '비밀의 정원'으로 이주해 성인이 될 때까지 성장한 나는 다시 다른 도시에서 정치학을 업으로 삼은 학자가 되었다. 그런 내게 1980년 5월 그들의 이야기는 오랜 세월 결코 말하고 싶지 않은 주제이자 혹은 벗어버리고 싶은 짐이었다. 그 이유는 그곳에서 성장기를 보낸 기간보다 훨씬 긴 시간 동안 서울에서 또다시 외부인이 된 내가 익숙해지지 않는 눈총 속에서 차별을 체화할 수밖에 없었기 때문이다. 나는 유대인 학자가 유대인의 홀로코스트를 말하는 것에 대해 어떤 편견과 한계가 있는지 누구보다 잘 알았다. 그렇지만 이곳, 저곳을 헤매다 우여곡절 끝에 정해진 박사학위 논문의 소재는 하필이면 5·18이 되고야 말았다. 그러한 결정을 이끈 가장 중요한 동기는 '어쩌면 가장 피하고 싶었던 이 사례를 직면하지 못하면, 석사학위 이후 10여 년이 훌쩍 넘는 기간 천착해온 학살을 제대로 연구하기 어려울 것 같다'는 자각이었다. 그런 의미에서 이 글은 후 체험 세대의 목격자 감각과 한 사회과학자의 객관적 시선이 직조한 공동작업의 결과물일 수 있다. 다른 한편 이 글은 한 사람의 정치사회학자로서 도달할 수 없는 지향을 예시하는 발로일 수 있다. 사회과학자에게 학살 연구란 어떤 현상을 분석할 때 반드시 갖춰야 하는 덕목인 객관화에 머물러서는 안 되는 일이기 때문이다. 우리는 한 사례에 대해 실증적 증거를 수집하고 분석하고, 더 나아가 학살의 원인과 영향을 사회와의 관계, '정치적 인간'의 본질 속에서 해석한다. 그러나 그보다 더 중요한 목표는 한 사람의 동료 시민으로서 희생자에 대한 연대와 지지, 그리고 반인권 범죄가 반복되는 것을 막기 위한 사회적 노력을 동시에 추구하는 것이다. 이 글이 그러한 지향에 미력이나마 보탬이 되길 바란다.

3.

다시 그날의 죽음에 대한 질문으로 돌아와 5·18 당시의 국가폭력이 여타 폭력들과는 구별되는 다른 성격이었다면, 우리는 통상 학살로 칭하는 이 폭력의 독특한 성격에 주목해야만 한다. 즉 '반대파에 대한 산발적인 폭력이나 고문 등 여타의 억압 수단을 동반하는 국가 테러'와 '정책 결정자가 취할 수 있는 가장 극단적인 정책인 학살'을 구분해 분석할 때만이 오월광장의 의문에 답할 수 있는 학술적 통로를 열 수 있다.* 따라서 이 글은 5·18 연구의 무게중심을 피해자의 서사에 머무르는 것이 아닌 가해자에 대한 논의로 이동시키고자 하는 시도이기도 하다.

무엇보다 학살에 대한 분석은 그 같은 비인간적 정책을 용인하는 사회적 메커니즘에 대한 고려가 필수적이다. 예컨대 서두에서 제기된 오월광장의 질문은 정치사회학의 문제인식에서 "학살의 가해자는 어떤 동기와 행동양식으로 비무장 민간인을 살해하는가?" "대중은 왜 반인륜 범죄에 침묵하는가?"와 같은 학살의 실행 요건에 관한 근본적인 해명을 추구한다. 즉 학살이 대니얼 골드하겐의 주장대로 '특정 시대 특정 사회에 누적된 역사적 편견이 특수한 형태로 분출된 고도의 잔학 행위'가 아니라 어떤 구조적·역사적 조건이 결합된 곳에서는 어디서든 볼 수 있는 '근대의 삶 속에 잠재적으로 내장된 위험'이라면, 이에 대한 학문적 천착은 학살 그 자체에서 출발해야 한다.**

이 같은 문제의식 속에서 쓰인 이 글은 4곳의 학술지에 실린 나의 연구가 기반이 되었다.*** 이에 더해 이 글은 각각

★   Barbara Harff, "No Lessons Learned from the Holocaust? Assessing Risks of Genocide and Political Mass Murder since 1955", *American Political Science Review* 97(1), 2003, pp.93-94.

★★ Daniel Jonah Goldhagen, *Hitler's Willing Executioners: Ordinary Germans and the Holocaust*, Knopf, 1996; 지그문트 바우만·임지현, 〈악의 평범성에서 악의 합리성으로: 홀로코스트의 신성화를 경계하며〉, 《당대비평》 21, 2003, 12~32쪽.

★★★ 곽송연, 〈정치적 학살(politicide) 이론의 관점에서 본 가해자의 학살 동기 분석〉, 《민주주의와인권》 13(1), 2013; 곽송연, 〈5·18 당시 대중의 침묵에 관한 연구: 국가의 부인 전략을 중심으로〉, 《사림》 53, 2015, 393~420쪽; 곽송연, 〈민주화 이전 국가의 이데올로기적 담론 정치 연구: 전두환 연설문에 나타난 5·18과 지역주의 맥락 모형을 중심으로〉, 《아세아연구》 58(2), 2015, 106~141쪽; 곽송연, 〈정치적 학살(politicide)의 조건과 원인 연구: 5·18의 사례를 중심으로〉, 《오토피아》 30(1), 2015, 135~165쪽.12~32쪽.

의 주제에 대한 현재 논의를 추가하고 책이라는 형식에 맞게 재서술되었다. 뒤따르는 본문 차례에 대한 간략한 소개는 다음과 같다.

1장은 오월광장의 첫 번째 의문인 '특별하게 잔인했던' 가해자들이 어떻게 만들어졌으며, 왜 그런 짓을 저질렀는지에 대한 해답을 찾는다. 그 답을 찾는 이론적 배경은 정치사회학과 정치심리학의 논의들이며, 이를 바탕으로 5·18 가해자들의 학살 동기를 그 지위별로 분석한 연구 결과를 제시한다. 또 가해자들의 현재를 통해 여전히 숨겨진 그들과 함께 살아가기 위해 우리 사회가 해결해야 할 문제의 해법에 대한 제안을 담고 있다.

2장은 오월광장의 두 번째 의문인 왜 다른 어떤 도시도 연대와 지지를 보여주지 않았나에 대한 정치사회학의 설명이다. 1980년 광주의 고립은 물리적인 봉쇄와 쌍을 이루는 국가의 이데올로기적인 '구별짓기'로 성공할 수 있었다. 특히 여타 지역 대중의 침묵에 결정적 영향을 미친 반인권 범죄에 대한 '부인' 전략의 효과는 현재까지도 재현되고 있으며, 이것을 어떻게 대해야 하는지 지금 우리가 선 이 자리에서 민주주의의 문법으로 복기한다.

3장은 5·18 이후 권력 탈취에 성공한 쿠데타 세력이 학살의 참극을 어떻게 정당화했는지 국가의 담론 정책을 통해 반추한다. 이 과정에서 흔히 군부권위주의로 분류되는 제5공화국의 국가 성격을 통치 행태 면에서 한나 아렌트가 갈파한 전체주의의 속성이 내장되었음을 밝힌다. 또한 민주화 이후 한국 정치 구조를 설명하는 주요 키워드인 지역주의 담론이 그해 5월 광주의 현장과 이후의 담론 정치를 통해 완성되었음을 실증한다. 동시에 그날의 광장을 어떻게 사유할 것인지 '사라진 주체'의 복원을 중심으로 그 이정표를 제시한다.

4장은 반인권 범죄의 최극단인 학살이 왜 일어나는지 5·18의 사례를 통해 파악한다. 이를 위해 학살을 분석하는 일반 이론으로 제안된 정치적 학살 이론의 주요 가설을 체계적으로 검증한다. 또 학살의 원인 규명 과정에서 도출된 결과를 바탕으로 세계 곳곳에서 끊임없이 재현되는 제노사이드를 막기 위한 제도적·정치사회적 노력을 점검한다.

4.

다소 무거운 주제와 이론을 다룬 이 책을 읽는 방법으로 나는 키워드 뒤집어 보기를 권한다. 이를테면 이 글은 '어떤 죽음에 관한 보고서'이다. 그러나 그 죽음이 어떻게 남은 자들의 삶 속에서 재인식되었는지를 보여주는 기록이기도 하다. 마찬가지로 국가의 기억은 억압된 그리고 저항하는 개인의 기억을 비추는 거울이기도 하다. 또 수용소 정치, 그리고 '감시와 처벌'이 잇따른 총체적 권력의 횡포는 질식된 시민으로서의 자유를 애도하는 근거가 된다. 폭력의 그늘은 평화의 빛으로 더욱 밝게 반사되고, 이성을 회복하라는 국가의 경고는 내 이웃들의 희생에 기꺼이 공감하는 감성에 무력해진다. 이처럼 이 책은 시간과 공간, 기억과 망각, 국가와 개인, 삶과 죽음, 추앙과 비방, 권위주의와 민주주의의 느슨한 얼개들로 짜였다. 독자들의 '두텁게 읽기'를 통해 이 글이 더 풍부한 논쟁의 지점을 확보할 수 있기를 기대한다.

마지막으로 이 책은 보이지 않는 많은 후원과 응원이 없었다면 세상에 나오지 못했을 것이다. 먼저 이 글은 그날의 광장에 함께했던 광주 시민들, 5·18의 무명 전사들, 진실을 알리기 위해 백방으로 노력했던 목격자들과 유가족들, 사제들, 그리고 제 몸을 불살라서라도 외치고 또 외쳤던 학생들과 양식 있는 지식인들의 기나긴 투쟁에 가장 큰 빚을 졌다. 또 학문적으로 녹록지 않은 환경에서도 연구를 지속해온 선배 연구자들의 성과가 쌓이지 않았다면 감히 엄두를 내기 힘든 주제였음을 고백한다. 무엇보다 무명 연구자 신세로 도망갈 틈만 엿보고 있던 나를 다시 5·18 연구로 불러세운 5·18기념재단 관계자 여러분과 어려운 출판 환경에도 기꺼이 출간을 응낙해준 박재영 대표를 비롯한 오월의봄 식구들에게 감사의 말씀을 드린다. 끝으로 여러모로 모자란 엄마 탓에 더 힘겨웠을 수험 생활을 묵묵히 버텨준 나의 버팀목이자 마음의 스승인 준하에게 사랑과 고마움을 함께 전한다.

2023년 다시 또 찾아든 오월을 맞이하며,
곽송연

차례

1장

그들은 어떻게 학살의 가해자가 되었을까?

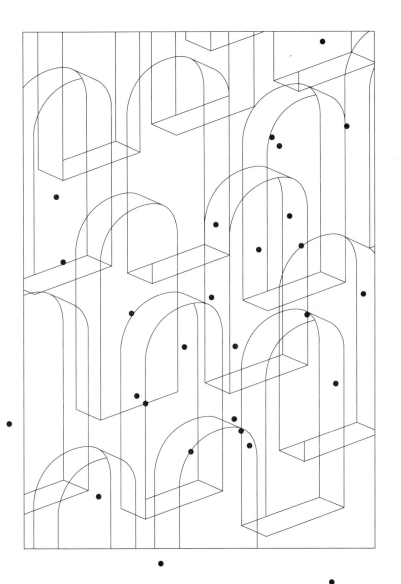

1. 학살은 누가 저지르나?
: '악마'와 평범한 군인의 경계선

사람들은 5·18을 무엇이라 부를까? 폭동, 사태, 항쟁, 의거, 민주화운동, 학살, 심지어는 혁명까지. 이처럼 5·18은 여러 이름을 가지고 있다. 5·18을 학살로 부르건 그렇지 않건 우리가 분명히 알고 있는 사실은 1980년 5월 어느 봄날, 남도의 끝자락에서 많은 사람이 군인들에게 죽임을 당했다는 것이다. 교복 입은 까까머리 학생도, 네 살배기 아이도, 만삭의 임산부도 대검에 찔리고 총탄에 스러져 길바닥에 나뒹굴었다.

그때 그 장면을 보았거나 들었던 그들의 이웃들은 무슨 생각을 했을까? 그렇다. 그곳 사람들이 맨 처음 가졌던 의문은 도대체 왜 국민의 군대가 저런 잔혹한 짓을 하느냐는 것이었다. 그 무렵 사람들 사이에 "공수부대원들이 약을 먹었다" "술 냄새가 났다"는 말들이 떠돌았다. 군인들이 무엇인가에 취해 있었음이 분명하다는 묘사는 어쩌면 직접 보고 듣고도

도무지 믿을 수가 없었던 사람들이 스스로를 이해시키고자 한 '합리적' 사고의 흔적일 것이다. 제정신이라면 사람이 사람에게 차마 할 수 없는 짓을 목도한 사건. 이런 일이 벌어진 이유에 대해 목격자들과 피해자들의 설명이 시작된 것이다.

학자들은 이를 어떻게 설명할까? 학살을 분석하는 연구자들은 일반적으로 가해자의 지위에 따라 그들이 학살에 참여하는 동인과 행동양식을 구분한다.[1] 지도자·고위간부, 정규군, 그리고 준군사조직별로 나눠 이들이 잔학 행위에 나선 원인을 밝히려는 것이다. 이들에 따르면 보통 지도자·고위간부는 학살을 기획·명령하고, 준군사조직은 직접 살해를 담당한다. 정규군은 희생자들의 이송이나 경비 등 주로 학살의 보조자 임무를 담당하지만, 상황에 따라 직접 살해를 수행하기도 한다. 또한 지도자·고위간부가 학살을 계획하고 명령하는 유인은 이데올로기나 신념에 따른 경우가 대부분이다. 반면 준군사조직은 '무차별적 충동'에 의해 사형집행인의 역할을 자임하며, 정규군은 명령체계에 따른 복종, 이데올로기 주입 효과, 동료집단의 압력과 집단의 순응성 등의 요인이 복합적으로 결부되어 있다. 이를 단순화하면 〈표 1〉과 같다.

그러나 익히 알려진 바대로 5·18의 죽음은 정규군, 그중에서도 흔히 공수부대로 일컬어졌던 특전사 부대원들이 계엄업무를 수행하는 과정에서 벌어진 사건이 대부분이었다. 당시 목격자와 피해자들이 추측했던 가해자들의 행위와 동기의 결과는 관련 연구자들이 범죄자나 정신이상자로 치부하는 준군사조직의 그것과 다를 바 없었지만 말이다.

오월의 정치사회학

〈표 1〉가해자의 지위에 따른 학살동인과 행동양식

가해자의 지위	학살동인(motive)	행동양식(역할 분담)
지도자·고위간부	이데올로기에 대한 사명감	학살의 기획, 명령
준군사조직 (범죄자, 정신이상자)	무차별적 충동	직접 살해
정규군	명령체계에 따른 복종, 이데올로기 주입 효과, 동료집단의 압력과 집단의 순응성	주로 이송, 경비 등 학살의 보조자 역할, 또는 직접 살해

• 출처: 벤자민 발렌티노, 《20세기의 대량학살과 제노사이드》, 83~111쪽; 한나 아렌트, 《전체주의의 기원 1》, 107~144쪽을 참조해 저자 작성.

 그러니 이 지점에서 다시 처음의 질문으로 되돌아가 보자. 얼룩무늬 군복을 입은 우리의 젊은이들은 사람들에게 왜 그런 끔찍한 짓을 했을까? 무엇이 평범한 군인을 악마로 의심받게 했을까? 이 물음에 대한 답을 구하기 위해 우리 군대가 어떻게 집회나 시위를 무력으로 격퇴하는 데 동원되고, 종국에는 시민을 살해하고 여타 잔학 행위까지 하게 되었는지 정치사회학의 시선을 따라가보자. 그 출발선은 우리 정치사에 내장된 정치적·사회문화적 배경 추적이다.

2. 제노사이드 가해자의 행동양식에 비춰 본
한국의 경험

가해자의 학살동인을 파악하려면 1948년 정부 수립 전후부터 한국전쟁을 경과하는 시점까지 거슬러 올라가야 한다. 근대국가의 국민이 구획되기 이전 자행된 여러 학살은 가해자의 보편적 특성이 단적으로 나타나는 사례이자 이후 한국의 역사적 특수성을 결정지은 계기이기도 했다.

지도자·고위간부

앞서 밝혔듯이 지도자·고위간부는 학살이 '필요'할 뿐만 아니라 '정당하다'고 확고하게 믿는 사람들이다. 그리고 그들은 그 믿음에 따라 주저 없이 행동하는 부류다. 1948년 정부 수립 당시 이승만의 언술은 이 같은 최고지도자의 행동양식과 동인을 선명하게 드러낸다.

"국민은 민권의 자유를 보호할 담보를 가졌으나 이 정부에 불복하거나 전복하려는 권리를 허락한 일이 없나니 어떤 불충분자가 있다면 공산분자 여부를 막론하고 혹은 개인으로나 도당으로나 정부를 전복하려는 사실이 증명되는 때에는 결코 용서가 없을 것이다."[2]

이처럼 대한민국 최초 정부의 출범 선언은 국민에 대한 위협으로부터 시작된다. 국가에 대한 충성과 반공이 하나이며, 자신에 대한 반대도 국가에 대한 반역이라는 걸 공식화한 것이다. 특히 1948년 여순사건에 대한 담화문은 한 걸음 더 나아간다. 이승만은 "남녀아동까지라도 일일히 조사해서 불순분자는 다 제거하고 조직을 엄밀히 해서 반역적 사상이 만연되지 못하게" 하며 "앞으로 어떠한 법령이 혹 발포되드래도 전 민중이 절대복종"해야 함을 공언한다.[3] 또 "빨갱이는 포살해야" 한다는 언급으로 단독정부 수립 이후 구획된 내부의 적에 대한 학살을 용인하고 부추긴다.[4] 반공주의로 표상되는 이데올로기에 대한 확신을 바탕으로 한 학살의 기획과 명령의 전형적 예라 할 만하다.

이 같은 지도자·고위간부의 학살 명령과 기획에 의해 이즈음 많은 희생이 뒤따랐다. 공식적으로 2만 5000명에서 3만 명의 사망자를 낸 것으로 추산되는 4·3사건, 2만 5000명의 민간인이 피해를 입은 것으로 추정되는 여순사건, 최소 20만 명이 희생된 것으로 보고된 보도연맹원 학살 사건 등이 있다. 심지어 한국전쟁 당시 피난지였던 부산에서는 특무대와 경찰이 "일제 때부터 독립운동을 했다는 경력은 적을 이롭게 할 수 있다"[5]며 독립운동가들을 잡아가 학살했다. 학살의 대상이 종교, 이데올로기와 같은 희생자의 특성보다는 학살을 기획한 지도자와 정책 결정자들에 대한 정치적 반대 여부를 기준으로 결정되었을 보여준다. 동시에 대상자 지목 과정의 자의성이 여과 없이 나타난 선례이기도 했다.

이러한 최고지도자 이승만에 의해 구획된 내부의 적에 대한 한계선은 단독정부 수립 당시를 전후로 정부 차원에서 공식 이데올로기로 천명되었다. 이후 전쟁과 학살을 거치며 유동적인 경계에 머물렀던 국경선과 국민이 확정되면서 반공은 대한민국의 공식 이데올로기로 굳어진다. 즉 공산주의자(빨갱이) 또는 그 혐의가 있는 사람은 더 이상 국민의 범주에 속하지 않게 된 것이다.

준군사조직과 정규군

준군사조직의 행동양식과 동인은 '가학적이고 광신적인 개인들로 인위적으로 충원되거나 그와 같은 개인들이 자발적으로 투신'하는 방식으로 드러난다. 보스니아-헤르체코비나 제노사이드에서 살인 그 자체가 목적인 부대를 구성하는 데 가장 큰 영향을 미친 요소가 바로 이 같은 개인의 자발적 선택과 의도적인 충원 방식이었다. 이 때문에 준군사조직은 정규군과 달리 '막일'이나 '더러운 일'을 거리낌 없이 수행하는 특징을 보인다.[6] 우리의 경우 제주 4·3사건 당시 조직적인 가혹 행위와 학살을 주도한 서북청년단의 행동양식이 이에 비견된다. 이들의 행위는 "요인 테러단이나 살인 청부업자의 역할"로 회자될 지경이었다. 또 경기도 고양 금정굴 민간인 학살 사건에서 태극단, 치안대라는 이름으로 악명을 떨친 우익 청년조직 역시 준군사조직의 행동양식을 보여주는 역사적 사례라 할 수 있다. 이들은 경찰의 지휘와 묵인하에 수백 명에 달하는 민간인들을 어떤 공식적인 심사나 절차도 없이 학살했다.[7]

반면 정규군은 문자 그대로 공인된 강제기구로서 근대국

가의 규율에 따른 공식 충원 방식을 택한다. 바꿔 말해 이들은 징병이든 모병이든 학살에 동원하기 위한 목적으로 생겨난 일회성 조직도, 학살 참여에 적극적인 동기를 가지고 충원된 사람들도 아니다. 그러나 이러한 정규군의 조직 특성은 양면성을 지니고 있다. 앞서 밝혔듯이 정규군은 근대 강제기구의 규율체계에 따라야 한다. 따라서 만일 최고지도자나 국가가 적으로 규정한 대상에 대해 학살 명령이 내려질 경우, 정규군 개인의 선택은 혼란스러울 수밖에 없다. 복종의 의무와 반인륜 범죄에 대한 거부권 사이에 내장된 필연적인 불협화음인 것이다. 이때 둘 사이의 거리를 좁히는 또 하나의 결정적 요인이 '동료집단의 압력과 집단의 순응성'이다. 이에 대해 브라우닝은 나치 집권기 유대인 학살에 참여한 101예비경찰대대의 학살 사례를 분석하면서 '살해 명령을 받은 군인들 대부분이 혐오감을 느끼면서도 결국 80~90%가 학살에 가담하게 된 심리적 요인을 다음과 같이 설명한다. 부대 전체가 책임져야 할 불쾌한 의무를 다른 동료에게 미루는 것은 무책임한 행위'라는 집단 내부의 도덕률과 동료들로부터 고립의 위협을 감수해야만 하는 압박이 주효했다는 것이다.[8] 결국 정규군이 학살에 참여하는 과정은 명령체계에 따른 복종, 그리고 동료집단의 압력과 집단의 순응성이 결합된 것이라고 볼 수 있다.

이 밖에 가해자들이 학살에 참여하는 주요 동인으로 빼놓을 수 없는 것이 이데올로기 주입 효과다. 대량학살에 대한 연구, 특히 홀로코스트를 대상으로 한 연구는 이데올로기나 정치적 신념을 가해자들이 학살에 참여하는 주요 동인으로 설명해왔다. 대표적으로 대니얼 골드하겐을 들 수 있다. 그는 "홀로코스트의 가해자들은 유대인을 절멸시키려는 신념과 반유대주의 문화의 신조 속에서 학살을 정당한 것으로 간주하였으며 …… 이로 인해 그들의 살인은 확신에 차 있었다"고 주장한다. 가해자 대다수가 살해 명령의 정당성을 믿어 의심치 않았으며, 규제자가 없는 상태에서도 복종하는 것은 물론 지나친 잔학성까지 보였기 때문이다.[9] 또 오메르 바르토프는 독일 군인들의 사적인 편지를 분석한 연구에서 '군인들의 용어, 표현 방식, 주장이 나치군의 선전에서 사용된 것과 유사'하다는 사실을 발견한다. 이에 따라 "사상 주입이 군대를 강렬하게 자극하고 그들을 야만적으로 만드는 이중의 목적에 봉사한 것"은 사실이나, '모든 독일 군인들이 헌신적인 국가사회주의자였다기보다는 부대들 대부분이 현실을 왜곡시킨 나치의 선전을 내면화했다'고 결론짓는다.[10]

그러나 많은 논자들이 지적했듯이 나치의 학살은 자신들이 내면화한 선전의 대상인 유대인들에 국한되지 않았다. 즉 반유대주의라는 이데올로기를 학살 실행의 유일한 원인으로 파악하는 것은 무리다. 따라서 정규군의 학살 참여의 동인을 설명하는 요소 중 이데올로기 주입 효과는 유일한 설명 요인이라기보다는 동료집단의 압력과 집단의 순응성, 명령체계에 따른 복종 등과 함께 고려해야 할 하나의 조건으로 보는 것이 타당하다.

더불어 한국의 경우 정규군이 학살에 참여하는 주요 동인으로 앞서 설명한 세 가지 요소(명령체계에 따른 복종, 동료집단의 압력과 집단의 순응성, 이데올로기 주입 효과) 중에서 특히 주목해야 할 조건이 있다. 그것은 근대 정규군의 일반적 특성으로 일컫는 '명령체계에 따른 복종' 문화다. '한국군은 그 모태가 된 일본군, 더 좁게는 일본 육사 출신'의 영향으로 미국이나 여타 서구에 비해 훨씬 강력한 "계급별, 학년별, 선후배별 지배와 복종 관계가 철저히 관철"되고 있었기 때문이다.[11] 이 같은 군의 태생적 특성은 일본군 출신 초대 육군참모총장 이응준이 일조일석 점호마다 전 부대에서 낭독하게 한 다음 '사병훈'에서 정점에 달한다.[12]

> 우리는 대한민국의 진정한 군인이 되자. 진정한 군인이란 군기가 엄정하고, 상관의 명령에 충심으로 복종할 것이며 …… 극렬 파괴분자를 단호 배격하여 그들의 모략선전에 엄연 동動치 말 것이다.

이 사병훈은 1948년 여순사건의 진압 작전 당시 제1여단장이었던 이응준이 장병들의 전의를 앙양하기 위해 제정한 것으로 국군 복무신조의 효시인 '국군 3대 선서'(1948년 제정)와 '국군맹서'(1949년 제정)의 기초가 된다. 두 선서는 "우리의 상관, 우리의 전우를 공산당이 죽인 것을 명기하자" "우리는 강철같이 단결하여 공산 침략자를 쳐부수자. 우리는 백두산 영봉에 태극기를 날리고 두만강수에 전승의 칼을 씻자"라는 다짐으로 '이데올로기 주입'과 함께 '동료집단의 압력과 집단의 순응성' 효과를 동시에 나타내고 있다. 이는 한국군이 그

태동부터 학살 참여의 세 가지 동인에 결박된 전형적 특징을 지닌 것으로 이해할 수 있다.

그중에서 이데올로기 주입 효과 역시 한국군은 비교사회 관점에서 학살의 가해자로 노출될 만한 더 강력한 배경을 지니고 있다. 바로 오랜 기간 지속된 정치 개입 역사에서 비롯된 군의 성향이다. 널리 알려진 대로 한국군의 정치 개입은 5·16 군사쿠데타로부터 시작되었다. 한국전쟁 이후 비대해진 조직과 물리력으로 사회의 여타 부문에 비해 막강한 힘을 지녔던 군부가 이승만 정권의 붕괴 이후 사회 불안정을 타개한다는 명분으로 직접 정치에 개입하는 선례를 남긴 것이다. 1980년을 기준으로 삼아 5·16 이후 20여 년에 걸쳐 유지된 군부권위주의의 정치 상황은 군의 역할을 '신직업주의'적 관점에서 재조정하는 직접적인 배경이 된다.[13] 이 시기를 거치며 남한의 신직업주의적 군부는 '권력 핵심부에 충원돼 직접적으로 통치를 담당하는 세력'이 되었고, '정치적 위기 시마다 상시적으로 동원'되면서 '안정stability, 안보security, 발전development을 지향'하는 특성을 뚜렷하게 드러낸다. 더욱이 안보는 군부의 최우선 가치로 전면화되면서 소위 한국 정치의 시스템은 안보 동원 체제로 재구성되었다. 이승만 집권기에 이어 정권 수준의 위기를 체제 수준의 위기로 치환시키는 전략을 연속적으로 강화한 결과였다. 예컨대 '군 내부의 정기적인 정훈교육, 중등·대학 교육과정에 교련 과목 도입, 향토예비군(1968.4.1.) 창설, 민방위훈련 의무 부과' 등을 들 수 있다. 또 '전국민주청년학생총연맹 사건(1974.4.3.), 크리스찬아카데미 사건(1979.4.16.)

등 유신체제에 대한 정치적 저항운동을 좌경용공 사건으로 규정'해 위기의식을 조장하는 전략 역시 정권에 대한 반대를 체제 수준의 반역으로 규정하는 안보 개념 변형의 전형적 예라 할 수 있다.[14] 이처럼 '국방보다는 국내의 반란 및 정치 소요 진압에 더 큰 비중'을 두는 군의 정치적 정향에 주의를 기울일 때 1979년 10월 26일 최고지도자 박정희의 급작스러운 사망 이후 도래한 정치적 봄의 상황을 역전시킨 신군부의 등장은 한편으로는 예고된 논리적 귀결인 측면이 있다.[15]

한편 근대 국민국가의 정규군이 지닌 보편적 특성에서 추출한 학살의 동인 외에 한국군이 상대적으로 학살의 가해자로 노출될 수 있는 또 하나의 조건은 이전 제노사이드의 경험이다. 제노사이드의 가해자들은 일반적으로 범죄를 '반복'하는 경향이 있다. 그 이유는 '국가안보에 대한 도전 상황에서 지배 엘리트와 군대가 집단학살을 그 전략적 대응으로 선택하는 것에 이미 익숙할 것이며, 이들에 의해 지목된 집단은 대부분 완전히 파괴되지 않기 때문'이다.[16] 또 4장에서 자세히 다룰 학살의 원인 변수에 관한 연구에 따르면, 학살의 경험은 제노사이드와 정치적 학살 발생에 있어 정부 유형 변수와 함께 단일 변수로서는 가장 높은 상관관계를 보여준다.[17] 앞서 밝혔듯이 한국군은 해방 정국에서 한국전쟁에 이르는 근대국가 건설기와 베트남전 당시 해외 파병에서 이미 두 차례나 집단학살을 학습했다.[18] 따라서 이러한 학살에 대한 학습 효과는 5·18이라는 또 하나의 정치적 학살 사건의 중요한 유인이 됐으며, 당시 가해자들의 행동양식을 규명하는 데 있어 주목할 만한 배경이 된다.

3. 5·18 가해자들은 어떻게 탄생되었나?

5·18 당시 가해자들의 지위에 따른 학살동인과 행동양식은 크게 고위간부·지도자와 정규군, 특히 특전사에 대한 것으로 나눠 살펴볼 수 있다. 이 중 고위간부·지도자의 학살동인은 12·12와 5·17에 이르는 다단계 쿠데타를 기획·실행하고 그 쿠데타를 실질적으로 완성시키는 단계에서 5·18을 무력으로 패퇴시킨 신군부의 이데올로기적 특성과 조직적 특징에 대한 분석으로 대체될 수 있다.

고위간부·지도자: 신군부의 이데올로기적 특성

신군부의 이데올로기적 특성은 여타 제3세계에서 '안정, 안보, 발전 이데올로기'에 경도된 신직업주의적 정향으로 정치 개입을 반복해온 군부의 전형적 특성을 보인다. 5·18의 경우 잠재적 사회 균열이었던 지역주의를 부가함으로써 '반호남주의와 반공주의의 이데올로기 접합'이 이뤄진다.[19] 광주항쟁의 주요 의제였던 민주화 요구를 반영남적 태도로 왜곡함으로써 반호남주의를 자극하는 전략이 본격적으로 시연된 것이다.

신군부의 이 같은 이데올로기는 그해 5월 1일, "혼란 상태를 방치한다면 안정과 질서를 회구하는 대다수 국민의 여론을 등지는 것이므로 국가안보적 차원에서 단호하게 조치를 취하겠다"는 경고[20]에 이어 1982년 사태가 일단락된 후 발행된《계엄사戒嚴史》의 다음 논평으로 집약된다.

정치적 혼란, 노사분규의 격렬화, 일부 언론 및 종교계의 무분별, 사회 기강 문란, 그리고 학원 소요의 격화 등으로 인하여 국민들은 북괴가 곧 쳐들어올지도 모르겠다는 위기의식에 사로잡혀 사회 불안이 극도에 달하게 되었고, 국민경제는 파탄 지경에 이르게 됨으로써 대다수 안정을 바라는 국민들은 정부의 강경 대책을 희구하게 되었으며, 계엄군에 의한 강력한 제재와 시급한 사회 안녕질서의 회복을 갈망하게 되었다. 따라서 정부는 5월 17일 24시 기하여 비상계엄을 확대 조치하였다.[21]

'혼란'과 '사회 불안'을 반복적으로 강조하면서, '국민경제 파탄'과 '북괴'에 대한 위기의식이 '정부의 강경 대책', '계엄군에 의한 강력한 제재', '국가안보적 차원에서 단호한 조치'를 불러들였다는 것이다. 그러나 공수특전단 투입으로 상징되는 소위 단호한 조치에도 불구하고 안정, 안보, 발전을 위협하는 민주화 시위는 잠재워지지 않았다. 그러므로 그들은(또는 그 지역은) 불순분자, 폭도, 난동자여야만 했다. 선한 아리아인에게 유대인이라는 말이 '더러운 벽의 바퀴벌레처럼 두 다리를 가진 기생충'이었듯이, '객관적인 적'에 대한 차별과 처형은 사회에 대한 위협을 제거하는 정당한 일이기 때문이다. 이 같은 의미의 '객관적인 적'은 한나 아렌트가 전체주의 비밀경찰의 주요 특징에서 발견한 개념이다. 이들은 '질병의 매개자처럼 어떤 경향의 매개자'라는 이유로 정부의 정책 결정에 따라 적으로 정해지며 그 과정에서 이들의 범죄 사실 여부는 고려 요건이 되지 않는다. 따라서 '객관적인 적'으로 지목된 대상은 이른바 '정당방위'로 죽임을 당해도 된다는 논법이 성립된다. 아렌트의 이 같은 통찰은 5·18 당시 신군부의 논리에도 정확히 부합된다. 광주의 폭도와 불순분자는 사회의 안정과 발전을 위협하는 '객관적인 적'이며, 더 나아가 외부 불온 세력 또는 북괴라는 공인된 '객관적인 적'과 연관되어 있을 수 있으니 마땅히 처단되어야만 하는 것이었다.[22]

무엇보다 이들 신군부 지도자와 고위간부는 유사시 그들이 폭도이기만 하다면, 아니 그보다 폭도로 낙인찍을 수만 있다면, 학살이 필요할 뿐만 아니라 또한 정당하다는 확고한 믿음이 있었다. 불특정 다수의 시민들이 총격에 의해 사망한 1980년 5월 21일 전남도청 앞 집단 발포 직후 '광주의 폭도를 전차로 밀어버리라'라는 신군부 고위 장성의 명령은 그 단적인 예다.[23] 따라서 5·18 당시의 살상은 바버라 하프의 표현을 빌리면, 배제적 이데올로기로 무장한 군부독재 엘리트들이 군부독재에 "반대하는 범주의 사람들을 제한하고, 처형하고, 제거하는 결과를 정당화"한 것이라 볼 수 있다. 1980년 5월 그들이 지목한 범주는 (광주) 지역이었다.[24]

고위간부·지도자: 신군부의 조직적 특성

신군부의 조직적 특성은 박정희 정권 기간 정착된 친위부대적 성격과 '하나회'로 대표되는 정치장교 그룹의 형성, 미군의 작전통제권에서 벗어난 조직 계통에서 찾을 수 있다. 박정희가 '자신에 대한 충성도와 군부 내의 파벌 관계를 고려하여 철저하게 상호 견제의 원칙'에 따라 군의 주요 보직을 관리했다는 것은 그리 낯선 사실이 아니다. 이미 알려진 대로 그 구체적인 방식은 육군참모총장을 정점으로 하는 군부 내의 지휘 계통과 보안사령관을 정점으로 하는 통제기구 계통을 이원화한 후 각 계열을 자신이 직접 통제하는 것이었다.[25] 그중에서도 특전사, 수경사, 경호실, 중앙정보부, 보안사 등의 통제기구는 박정희 일인의 친위부대적 성격이 강했다. 따라서 최고지도자의 비호와 견제 속에서 성장한 이 조직들은 대외적 공격으로부터 국가를 방어하는 군 본연의 임무보다는 독재자의 권력 유지와 이에 대한 국민의 저항에 대처하기 위한 임무가 더 중요했다.[26] 통치자의 정치적 위기나 권력 공백 시 공식 계통보다 손쉽게 동원 가능한 정치부대의 성격을 지닌 것이다. 또 이들에 대한 작전통제권 역시 사실상 미군의 지휘를 벗어나 있어 국내 치안이나 반란을 명목으로 한 군부의 정치 개입 통로가 열려 있었던 특징도 관찰된다.

특히 특수전사령부(이하 특전사)에 대한 작전통제권은 1961년 이후 계속 한국의 정권 담당자에게 있었다고 해도 과언이 아니었다. 1961년 5·16쿠데타 직후 미국 행정부가 미군의 허락을 받지 않고 공수부대를 동원한 문제에 대해 항의함으로써 작전통제권 문제에 대한 양국 간의 협의가 진행됐다. 그 결과, "한국군은 2개 보병사단(수도권 지역 방어 임무)과 1개 공수여단(1공수), 5개 헌병 중대 병력에 대해서는 혁명 과업을 위해 한국 정부의 통제권하에 둔다"는 한미 양국 공동성명이 발표됐다. 이후 최고 권력자 일인이 통제권을 갖는 특전사의 친위부대 성격은 1978년 창설된 한미연합사의 권한을 협의하는 과정에서 더욱 강화된다. 제11차 한미안보협의회에서 양국 정부가 '평시에 한국군 2군, 수도방위사령부, 특전사 등을 한미연합사의 작전 통제를 받지 않는 것'으로 합의한 것이다. 하지만 이마저도 한미연합사의 기능 가운데 '우발사태 발생 시에 배속될 부대의 운용 및 지원 계획을 수립한다'는 항목에 따라 무용지물이 된다. 특전사의 작전통제권은 한미 간의 합의나 양해를 전제로 전시에는 물론 평시에도 한국 정부에 이양된 셈이다.[27]

또한 신군부의 조직적 특성 중 빼놓을 수 없는 부분이 그들이 소위 '하나회'라는 군부 내 파벌의 연계망 속에 있었다는 지점이다. 윤필용 사건[28] 이후 잠행하던 하나회가 유신체제 후반기 신군부라는 통칭으로 수면 위로 떠오른 것이다. 숙청을 피해 잔류한 하나회 파벌은 박정희의 정치 노선에 충실한 전두환, 노태우 등 친박종규 계열의 강경 소장 장성들로, 이들은 1979년 3월 전두환의 보안사령관 취임을 전후해 수도권의 주요 사단장급으로 포진해 있었다. 속칭 실질적인 군부 내 실력 집단이 이들의 실체였다.[29] 이러한 전근대적 후견주의에 입각한 파벌 위주의 관계망은 철저한 계급사회인 군의 공식 지휘 계통보다 우선됐으며, 그 전형적인 예가 바로 1979년 12·12 신군부 쿠데타이다. 5·18 당시에도 사적 연결망에 의한 공식 군 지휘 계통의 무력화는 여과 없이 재현된다. 신군부 관계자의 다음과 같은 행위는 이 같은 지휘체계 문란을 직접적으로 보여준다.

> 지난 1월 13일 기자와 만난 이구호씨는 '80년 5월 21일 오후 4시경 황영시 계엄사 부사령관이 나에게 직접 전화를 걸어와 〈광주가 폭도들에 의해 점령당했으니 기갑학교에 있는 전차를 동원, 광주를 공격하라〉는 지시를 내렸다'고 증언했다. …… 당시 이구호 기갑학교장은 윤흥정 전교사사령관 겸 전남북계엄분소장의 지시를 받게 돼 있었다.[30]

계속해서 5·18 당시 광주 지역에 대한 공식 작전통제권을 지녔던 정웅 31사단장의 진술을 들어보자.

> "20일 오후부터 지휘체계가 이원화되었다. 세 공수여단장이 전교사에 위치하여 특전사령관과 의논하고 나를 거치지 않고 직접 대대장에게 지시를 하기 시작했다. 이때부터는 공수여단이 사실상 나의 통제를 떠났다. …… 민화위 증언에서 전교사사령관이던 소준열씨가 21일에 공수단 병력을 철수시키자고 정호용 사령관에게 제의했다고 말했는데 …… 원칙대로 한다면 소준열 계엄분소장은 제의고 협의고 할 필요가 없는 것이다."[31]

또 정호용 당시 공수특전사령관 역시 1981년 초엽 자신이 직접 인터뷰한 글에서 "5월 25일 오후에 정 사령관은 서울로 올라와 국군보안사령부에서 전두환 사령관, 노태우 수도경비사령관, 백운택 9사단장과 만나 진압 작전에 대해서 협의한 뒤 '결행한다'는 지침을 받고 광주로 내려왔다고 밝힌다. 이후 26일 오후에는 광주비행장 사령관실에서 박준병 20사단장과 세 여단장을 불러 작전에 관련된 지시"를 한 것은 물론, "이희성 계엄사령관에게 작전 개시를 알린 것도 정호용 사령관" 자신이라 증언한다.[32] 더불어 집단 발포와 관련된 '자위권 보유 천명' 담화문 역시 신군부 측이 작성해준 초안에 따라 발표된 것이라는 법정 진술도 있었다. 신군부 측의 담화문 초안을 이희성 계엄사령관에게 전달해준 사람은 황영시 육군 참모 차장이었던 것으로 알려졌다.[33]

정규군: 공수특전단의 투입

5·18에서 정규군의 학살동인과 행동양식은 앞서 밝혔듯이 명령체계에 따른 복종, 이데올로기 주입 효과, 동료집단의 압력과 집단의 순응성, 이전 제노사이드의 경험 등이 복합적으로 작용한 것으로 추론된다. 더불어 당시 광주 지역에 투입된 군이 일반적인 정규군이 아닌 특전사였다는 사실에서 비롯된 행동양식의 특징 역시 빼놓을 수 없는 고려 대상이다.

이를 좀 더 구체적으로 살펴보면, 우선 '일반 정규군과 구별되는 공수특전단의 특성'은 앞서 밝힌 친위부대의 성격과 함께 장기근속자 위주의 전문화된 특수부대라는 성격을 꼽을 수 있다. 공수특전단의 친위부대적 성격에 대해 한 자료는 다음과 같이 설명한다. "5·16과 12·12사태를 통해서 두 번의 군사정권을 창출하는 데 앞장섰던 특전사의 장병들은 그런 이력을 자랑하고 친위부대 의식과 우월감에 차 있더라는 것이 광주사태 직전에 이 부대에 근무했던 한 장교의 이야기다. 장교들도 계급보다 권력과 얼마나 가까운가에 따라서 그 영향력이 달라지는 등 지난 4반세기 동안 집권층과 그야말로 특수한 관계를 유지해온 것이 특전사"다.[34] 실제로 5·18을 이끈 두 주역인 전두환, 노태우 등이 각각 제1공수여단, 제9공수여단을 직접 지휘한 여단장 출신이다.[35] 다음의 기사는 이 같은 공수부대의 친위부대적 성격과 파벌 관계망의 실태를 예시한다.

하나회 장교 그룹의 집단행동으로 이 그룹의 리더인 전두환 장군이 집권, 5공의 대통령이 됐고 그가 1공수여단장과 1사단장을 지낼 때 부하였던 1.1인맥, 속칭 '1땅 인맥'이 참모총장 등 군의 주요 보직은 물론 정부의 요직을 맡는 등 위세를 누렸다. 또 6공에 들어와서도 하나회 소속인 노태우 장군이 대통령이 됐다. 그가 지휘관으로 있었던 9공수여단과 9사단의 부하들로 9.9인맥, 이른바 '9땅 인맥'을 형성, 군 수뇌부에 포진해왔다.[36]

공수특전단은 말 그대로 '5·16 혁명과 10월 유신의 선봉부대'였으며, '국가원수와 상관에 대한 충성심이 강한 부대'였던 것이다.[37] 또 기간 조직이 하사관으로 계급 구조가 높은 부대인 공수부대는 '작전·정보 기능, 화기 전문, 폭약 전문, 의무, 통신 등 최소 단위인 팀(지대, 중대)으로 전문화'돼 있다. 적의 후방에서 게릴라전을 하도록 낙하훈련과 천리행군으로 1년 중 약 4개월 동안 부대를 떠나 있는 "이들은 …… 그 행동이 자동화, 본능화, 조건반사화되도록 관리"된다.[38] 이처럼 탁월한 전문성과 전투 능력을 보유한 최정예 특수부대의 기질에 대해 귄 다이어는 《전쟁War》이라는 저작에서 다음과 같이 논평한다.

> 타고난 군인이라고 부를 만한 자들이 있다. 이러한 사람들은 남자들 간의 동료애에서 비롯된 흥분으로 물리적 장애를 극복하는 것에서 가장 큰 만족감을 얻는다. 그들은 사람을 죽이는 일 자체를 즐기지는 않지만, 전쟁처럼 살인 행위에 정당성을 부여하는 도덕적 틀이 주어지면 그리고 자신이 갈망하는 환경을 얻기 위해 살인할 것이 요구되면 아무런 거부감 없이 살인을 저지르는 자들이다. …… 이처럼 타고난 군인은 작은 직업군인 집단 내에서도 극소수에 불과할 정도로 드물고 대체로 특공대와 같은 특수부대에 모이는 자들이다.[39]

이는 신군부와 공적·사적 연계망을 지닌 친위부대이자 고도로 전문화된 특수부대인 공수특전단이 5·18과 같이 "살인 행위에 정당성을 부여하는 도덕적 틀"이 제공된 상태에서

오월의 정치사회학

는 '거리낌 없이 살인을 저지를 수 있는' 여지가 농후함을 보여주는 설명이다. 즉 이들은 격렬한 전투의 와중에도 적을 살해하는 데 본능적인 거부감이 있는 일반 정규군과는 다르다. 특수한 기질과 정치성을 지닌 특수부대의 투입이 민간인 집단 살해를 가능하게 한 주요한 배경이었던 것이다.[40] 이는 공수특전단의 투입이 소위 과잉 진압, 그리고 학살로 이어지는 결과를 이끈 주요한 원인 중 하나였음을 보여준다.

정규군: 명령체계에 따른 복종

정규군의 학살동인과 행동양식 중 명령체계에 따른 복종은 '전장에서 가장 강력한 효과를 발휘하는 지휘관의 영향력'과 연관이 있다.[41] 공수특전사의 조직 편제를 고려하면 지휘관의 영향력 또한 일반 정규군에 비해 그 영향력이 훨씬 클 개연성이 있다. 특전사는 '최소 단위가 지대, 중대라고도 불리는 전문화된 팀 체제로서 두 명의 장교와 하사관 및 병으로 구성'된다. 이 팀을 이끄는 대위는 일반 부대의 장교와는 달리 '훈련 때 직접 텐트 치고 호를 파는 등 사병들과 같은 생활'을 한다. 이러한 부대 특성은 '한 팀은 혈육과도 같은 인간관계로 엮여 있다'는 어느 공수특전단 출신 사병의 회고에서 엿볼 수 있듯이 공수부대 장교와 사병 관계는 일반 정규군보다 훨씬 높은 밀착력과 결속력을 지니고 있다는 걸 알 수 있다.[42]

이 같은 지휘관의 영향력, 달리 말해 권위의 강도는 그 구성 요소에 따라 더 세부적으로 접근할 수 있다. 그로스먼에 따르면 전장에서 권위의 구성 요소는 권위자의 근접성, 권위자에 대한 살해자의 주관적 존경, 살해 행위에 대한 권위자의 명령 강도, 권위자의 권위와 명령의 적법성으로 나눌 수 있다. 먼저 권위자의 근접성은 "지휘관이 전장에서 직접 관찰하고 격려할 때는 거의 모든 군인들이 무기를 발사하는 반면, 지휘관이 자리를 떠나 있을 때는 사격 비율이 즉각적으로 15~20퍼센트로 감소했다"는 군사학자 새뮤얼 마셜의 연구 결과를 바탕으로 한다. 또 권위자에 대한 살해자의 주관적 존경은 "부대에 유대감을 느끼듯이 지휘관에게도 유대감을 느낄 때 명령의 효과는 더욱 커진다"는 심리이다.[43] 앞서 밝혔듯이 공수특전단의 장교와 사병 관계는 일반 정규군보다 훨씬 높은 밀착력과 결속력을 지녔다. 더불어 두 명의 장교가 배속되는 팀 체제 특성상 현장 지휘가 생활화되어 있는 장교의 명령 효과 역시 배가될 수 있는 조건이었다. 실제 당시 현장 상황에서 이러한 요인이 시위대에 대한 과격한 진압을 부추긴 원인이 된 것은 물론, 발포 당시 사망자 숫자를 늘린 결정적 요소였음을 밝히는 증언을 심심찮게 발견할 수 있다.

> "이때 '젊은 놈은 잡아서 죽도록 패주라'는 지휘관의 말이 우리들의 귀에 들려왔다. …… 도망가다 잡힌 학생 차림의 젊은 사람, 인근의 다방에서 연행된 사람, 나이 지긋한 중년 등등 순식간에 4~50여 명이 집단으로 연행되었고 그들은 그들의 갖가지 사정이나 시위와는 무관함을 호소하고 있었다. 전부 구타당하고 상처를 입은 사람들이었지만 우리는 개의치 않았다."(김영철, 계엄군 사병)[44]

"장교인 듯한 사람이 공수들을 보고 소리쳤다. '이 개새끼들! 조준사격 안 하냐?' …… 공수들은 그때부터 도청 앞에 돌로 난간을 만들어놓은 곳에 기대어 조준사격을 하기 시작했다."(곽형렬, 1959.1.31. 당시 나이 21세, 의무전경, 조사 일시 1989.7.)[45]

다음으로 살해 행위에 대한 권위자의 명령 강도는 '지휘관이 반드시 살해 행위에 대한 분명한 기대를 전달해야 하며, 그 경우 영향력은 엄청날 수 있다'는 연구 결과에 따른 것이다.[46]

"우리 옆으로 중고등학교 학생들이 지나갔다. …… 그들은 잡혔고 도망가는 다른 어린 학생들도 곤봉으로 때려 쓰러지게 했다. 그 학생은 머리를 맞았고 뒤통수가 깨어져 선혈이 낭자했다. …… 그러나 지휘관들은 우리의 행동이 너무 인간적이라고 힐책이 대단하였다. 심지어 유순하게 보이는 몇몇 대원들을 불러내어 진압을 이렇게 해야 한다며 시위 진압봉으로 그들을 구타, 방법까지 가르쳐주는 것이었다. …… 지휘관들은 더욱 강경한 방법을 동원하라고 지시했다. …… 이것은 완전히 전투였다. …… 연행자를 인계하고 약간의 휴식을 취하면서 우리는 폭동 진압에 대한 방법을 다시 지휘관들로부터 재교육받았다."(김영철, 계엄군 사병)[47]

"깨어보니 병원이었다. …… 총소리를 듣고 시댁 식구들이

쫓아 나와보니 내가 쓰러져 있고 군인들(2, 3명)이 총부리를 겨누고 있었다. …… 병원에서 군인들은 시아버지에게 '강원도에서 밤새 차를 타고 왔는데 무조건 사살하라는 명령을 받았어요. 같은 민족끼리 총을 쏘면 안 되는데 명령이라 우리도 어쩔 수 없이 정통으로 겨누고 쏘았어요. 살았으니 다행입니다. 정말 미안합니다'라고 말했다 한다."(홍란, 1949.10.20. 당시 나이 31세, 가정주부, 조사 일시 1989.4.)[48]

이 같은 증언은 5·18 당시 지휘관의 명령 강도가 매우 높은 수준이었으며, 그 결과 시민들의 사상 피해가 가중되었음을 보여준다. 참고로 전투 상황에서 군인이 사격하는 요인을 분석한 베아트리스 크라우스 등 세 학자의 연구에 따르면, "전투 경험이 없는 자들은 '적의 사격을 받았을 때'가 사격을 하게 되는 결정적 원인일 것이라 가정하지만, 실제 참전 군인들은 '사격 명령을 받았을 때'를 가장 중요한 요인으로 언급"한다.[49]

마지막으로 권위자의 권위와 명령의 적법성은 '사회가 인정한 적법한 권위를 지닌 지휘관들이 군인들에게 더 큰 영향력을 행사'한다는 명제를 전제로 '군인은 불법적인 명령 또는 예상치 못한 명령보다는 적법하고 합법적인 명령에 더 잘 복종하게 된다'는 설명이다.[50] 언뜻 당연해 보이는 이 같은 부연 설명은 5·18처럼 정당한 권력과 정당성을 상실한 폭력이 혼재하는 상황에서는 명령 수행에 혼란을 가져올 수 있다는 것을 나타낸다.

오월의 정치사회학

"당시 저는 일병 신분이었기 때문에 영향을 미치지는 못하지만 광주의 처참한 상황들을 보면서 너무 안타까웠어요. …… 그래서 주변 동료들에게도 자제하도록 요청했고 제가 할 수 있었던 최선의 노력은 소극적이고 비협조적으로 참여할 수밖에 없었어요."(이경남, 공수특전사 일병)[51]

"의식이 가물가물한 상태에서 군인들이 하는 말이 들렸는데 군인 중 박상사라는 사람이 졸병에게 물었다. '이놈 뭣 하는 놈이냐?' 졸병들이 나를 그곳까지 데리고 온 경위를 얘기하니 박상사란 사람이 말했다. '이놈을 저리 데리고 가 죽여버려' …… 그러나 그들은 나를 죽이는 것이 아니라 경찰에게 인수하는 것이었다."(전고선, 1944.9.5. 당시 나이 36세, 부동산업, 조사 일시 1944.9.5.)[52]

"한참을 정신없이 맞고 있는데 공수대 대위가 오더니 하사관에게 명령했다. '시민들이 보고 있으니 학교 안으로 데리고 가서 사살시켜버려.' …… 아픈 다리를 끌고 우리가 막 걸음을 옮기려 할 때 공수대 중령이 지휘봉을 들고 오면서, '○○ 대위! 멈춰' '이 사람들을 사살시켜야 됩니다' '멈추라고 하는데 왜 명령을 안 듣는 거야' 중령은 지휘봉으로 대위의 옆구리를 살짝 밀치면서 주의를 주었다."(조민국, 가명, 1957.3.15. 당시 나이 23세, 회사원, 조사 일시 1989.5.)[53]

앞의 증언은 공수특전사 내부의 명령 계통에서 사회가

인정한 적법한 권위를 지닌 지휘관이 내린 명령이지만, 시민에 대한 폭력이나 살해 같은 '불법적인 명령 또는 예상치 못한 명령'에 대해 소소한 개인이나 하부 집단의 선택이 강요되는 상황을 증명한다. 또 반대로 소위 폭도 소탕이라는 포괄적 명령에 대해 가혹 행위, 살해와 같은 자의적인 해석의 여지가 공존했음을 나타내기도 한다. 정당하지 못한 권위가 이끈 혼선인 것이다.

정규군: 이데올로기 주입 효과

이데올로기 주입 효과에 따른 정규군의 학살동인과 행동양식은 '정서적 거리'와 관련된 변수다. 일반적으로 대규모의 파괴적 공격성은 일시적 혹은 만성적인 정서적 철회를 동반한다. 이때 심리적 거리는 "한 개인의 공감 능력을 제거하고, 정서적 철회를 하게 하는 핵심적인 수단"이 된다. 5·18의 경우 이 과정을 촉진하는 여러 기제 중 특히 '문화적 거리'와 '도덕적 거리'가 중요하다. 이 두 가지 심리적 기제를 공수특전단의 이데올로기 주입 효과를 배가시킨 주요 요소로 파악할 수 있기 때문이다.[54] 구체적으로 '문화적 거리'란 언론이나 각종 선전기관을 활용해 적군이 우리와 같은 인간이 아니라 우리와는 다른 종 또는 열등한 존재라고 설득함으로써 군인이 사람을 죽이지 않으려는 본능적인 거부감을 줄일 수 있다는 명제다. 또 '도덕적 거리'는 적에게 죄가 있으므로 그들을 처벌하고 보복해야 한다는 확고한 결단과 비난, 그리고 자신의 대의가 적법하고 정당하다는 확신에서 비롯된 거리다.[55]

1980년 5월 한국의 공식 이데올로기 지형은 이미 반공주의라는 대전제 속에서 문화적 거리와 도덕적 거리가 교묘히 결속된 형태로 구조화되어 있었다. 앞서 보았듯이 우리 사회는 한국전쟁 이후 공산주의자이거나 혹은 공산주의자의 혐의를 씌울 수 있는 사람은 더 이상 국민의 범주에 속하지 않는 공식적 경계가 확립되었다. 따라서 공산당, 간첩, 더 나아가 폭도는 도덕적 거리의 구성 요소인 법적 확증과 처벌 정당화의 메커니즘 구획 안에 있었다. 또한 이승만의 말처럼 "남녀 아동까지라도 일일이 조사해서 불순분자는 다 제거"해야 할 만큼 수십 년간 인권의 경계 밖에 있었던 '빨갱이'는 이미 일종의 의사 인종주의 형태의 문화적 거리에 있었다고 할 수 있다. 이 같은 이데올로기 주입의 내면 풍경은 심지어 피해자의 위치에 있던 광주 시민들에게서도 발견된다.

> "내가 병실에 누워 있을 때 병원에서 가끔씩 방송을 들어보면 김대중씨는 간첩이며, 광주에서 벌어지고 있는 상황도 김대중씨가 배후에서 조종하여 일어난 것이라는 말이 나왔다. 병실에 있는 사람들 대부분은 그전에는 김대중씨를 어떻게 생각했는지는 모르지만 이때는 '그놈 죽일 놈이다'며 욕을 해댔다."(최강현, 1952.1.24. 당시 나이 28세, 정비공, 조사 일시 1989.2.)[56]

> "김엽병원 3층에서 구경하던 그 간호원이 공수부대원을 향해 '공산당보다 더한 놈들아, 죽은 사람을 왜 끌고 가냐'고

소리쳤더니 공수부대원들은 한번 쳐다보면서 병원 앞에 던져주고 갔다는 것이다."(이진수, 1953.5.15. 당시 나이 27세, 출판사 외근 직원, 조사 일시 1989.1.)[57]

"'군인이 선량한 시민을 때리냐, 너희들은 김일성보다 못한 놈들이다. 이 간첩 같은 새끼들아' 놈들은 내 말을 듣고 화가 났는지 '저 새끼 죽여라'고 소리치며 4, 5명이 한꺼번에 달려들었다. 그들은 개머리판으로 내 머리를 내리쳤다. 순식간에 나는 의식을 잃고 그 자리에 쓰러졌다."(전고선, 1944.9.5. 당시 나이 36세, 부동산업, 조사 일시 1944.9.5.)[58]

이처럼 강력한 역사적·구조적 배경을 지닌 반공주의는 별도의 내면화 과정을 거치지 않고서도 지도자·고위간부가 그 대상을 지목하는 순간 폭발적인 위력을 발휘하는 주요 기제로 작동했다.

"지휘부에서 무슨 이야기를 했냐 하면, 제주도에 게릴라가 침투해서 소탕하러 간다고 해서 기차 안에서 이제 드디어 북한 특수부대원들과 한판 붙는구나 그렇게 생각하면서 갔어요. 그런데 내려보니까 광주역이더라고요."(이경남, 공수특전사 일병)[59]

"그때는 그랬어요. 무조건 저 새끼들은 빨갱이라고. …… 저 놈의 새끼 잡으믄 죽인다고 했죠. 위에선 빨갱이라고 하는 데, …… '여그가 광주비행장 위'라고 그래요. 근데 저것이 뭣이냐고 그러니까, '광주 폭도들'이라고 글드만요. 광주 폭도들이 군인들한테 총 쏘는 것이라고. …… 그 소령 놈이 뭐라 그러냐믄 이북에서 첩자를 내려보내갖고 그놈들이 유언비어를 유포해가지고 광주가 쑥대밭이 되아부렀다고 글드만요. …… 거그서 출동, 제가 차 타고 비행장 나오면서도 그랬어요. 이 새끼들 가기만 해. 나한테 죽어 이놈의 새끼들."(김덕수, 1952. 당시 나이 28세, 20사단 수색중대장)[60]

공수부대 병사들의 사적 폭력을 공식적인 차원에서 묵인하고 인정하는 담론 장치는 바로 '공산당이라는 말'이었던 것이다.[61] 더불어 5·18 이전 집중적으로 이뤄진 군부의 정훈교육역시 이러한 정서적 거리를 더욱 넓히는 작용을 했으리라 추론된다.

"태능에서, 그 숲속에서. 이삼일 있다가 저희들이 어디로 갔냐믄 국민대학, 경희대학, 외국어대학. 저희가 그 세 개 담당이었어요. …… 그때는 그랬어요. 무조건 저 새끼들은 빨갱이라고. …… 저놈의 새끼 잡으믄 죽인다고 했죠. 위에선 빨갱이라고 하는데, 저희들은 라디오도 못 들었어요. 텔레비도못 보고, 긍께 위에서 시키는 대로."(김덕수, 1952. 당시 나이 28세, 20사단 수색중대장)[62]

"10·26과 12·12를 겪는 동안 군 내부도 어김없이 동요의 빛

이 역력했다. …… 이 당시 우리는 다른 때보다도 엄청난 양의 정훈교육을 받아왔으며, 학생들과 일부 정치인들의 무분별한 발언 등에 대해 나쁜 감정을 가지고 있었다."(김영철, 계엄군 사병)[63]

"그리고 군 내부적으로는 당시의 상황들에 대해서 사전 정신교육들이 이루어지고 있었어요. 시국이 불안정한 상태였기 때문에 권력자의 공백으로 인한 국가적인 안보의 위기, 남침에 대한 위험성 등을 강조하면서 조속한 시일 내에 시국의 안정이 필요하다는 내용이었어요."(이경남, 공수특전사 일병)[64]

결과적으로 5·18 당시 공수특전단은 나치의 선전을 내면화한 독일 군인들처럼 반공주의로 집약되는 신군부의 선전을 내면화해 일명 '과잉' 폭력을 행사했다고 볼 수 있다.

정규군: 동료집단의 압력과 집단의 순응성

동료집단의 압력과 집단의 순응성에 따른 정규군의 학살 동인과 행동양식은 자신이 속한 조직에 대한 책임감과 관련되어 있다. 이에 대해 그로스먼은 다음과 같이 설명한다.

전투에서 죽고 죽이는 일을 하도록 군인을 동기화하는 주요 요인은 …… 전장의 동료들에 대해 느끼는 강한 책임감이다. …… 서로 강력하게 결속된 병사들 사이에서 동료들에 대한 염려와 그들의 눈에 비친 자신의 평판에 대한 깊은 염려는 동료 압력peer pressure으로 작용한다. …… 병사 개인이 동료 병사들과 유대 관계로 묶여 있을 때 그리고 그가 '그의' 집단과 함께할 때 살해에 가담할 가능성은 두드러지게 증가한다.[65]

앞서 밝혔듯이 공수특전단은 일반 정규군과는 다른 조직 체계와 훈련 과정을 거친 전형적인 특수부대다. 이러한 조건은 공수특전단이 "혈연보다도 더 끈적끈적한 인간관계를 갖게" 되는 것은 물론 이러한 단결심이 "외부에 대해서는 배타적 증오감으로 표출"되는 결과를 가져오기도 한다. 더구나 특전사에서는 "민간인들이나 다른 군부 대원을 상대로 사고를 내어도 자체적으로는 처벌을 하지 않으려 하고 감싸주는 분위기"였다는 증언은 동료 압력이 일반 정규군보다 훨씬 높은 수준이었음을 짐작케 한다.[66] 다음 구술은 이러한 공수특전단의 속성을 잘 보여준다.

"전남대 정문 앞에서 공수부대원을 장갑차로 깔아 죽였다는 사람이 잡혀 들어왔다. 그는 이금영(확실한 기억은 아님)으로 20대 초반의 젊은이였다. 지휘관이 권총을 빼들고 악을 썼다. '너도 죽어야 해. 이 자리에서 사살시켜버리겠다.' 우리는 긴장이 되어 감히 쳐다보지도 못했다. 다행히 상사 한 명이 그 지휘관을 말렸다. …… 그 후로도 들어오는 공수들마다 그를 잡고 다그쳤다."(황강주, 1960.2.7. 당시 나이 20세, 현대설비 배관공, 조사 일시 1989.4.)[67]

"그날 도청에서 군인들이 심하게 시민들을 때리고 그런 와중에서 시민 한 분을 또 업고 시민들이 있는 쪽으로 데려다 줬어요. 차들이 돌진하는 상황이었기 때문에 그대로 놔두면 위험하니까 피신시킨 거죠. 그랬더니 저희 부대 중사 한 분이 제 목에 칼을 대면서 '너, 아군이야? 적군이야?' 하시더라고요."(이경남, 공수특전사 일병)[68]

정규군: 이전 제노사이드의 경험

'이전 제노사이드의 경험'에 따른 정규군의 학살동인과 행동양식은 대량살해의 경험과 이에 따른 학습 효과와 연관된다. 앞선 네 가지 변수가 살해에 대한 거부감을 극복하는 데 필요한 보편적인 조건들이었다면, 이 다섯 번째 변수는 일종의 충분조건이라 할 수 있다.

주지하듯이 한국사회는 해방 정국에서 한국전쟁에 이르는 국가 건설기와 베트남전을 통해 두 번의 민간인 학살을 경험했다. 특히 5·18 당시 광주에 투입된 공수특전단은 그 탄생 과정에서부터 베트남 파병과 밀접한 연관이 있다. 특전사의 모태가 되는 제1공수단은 1958년 4월 한·미 간 한국군의 병력 감축을 논의하는 과정에서 만들어졌다. 미국이 병력 축소로 인해 예상되는 전투력 공백의 대안으로 공수단 창설을 요청한 한국군의 요구를 승인한 것이다. 5·16쿠데타 세력에게 군 감축 문제는 정권의 안위가 달린 중요한 문제로 인식되었고, 이를 해결하는 방편으로 베트남 파병이 구상된다. 실제로 쿠데타 직후인 1961년 11월 케네디 대통령 취임을 맞아 미국을 방문한 박정희는 케네디에게 파병 의사를 밝혔다. 이 계획은 미국의 반대로 일시 보류되었으나, 이것이 베트남 파병 계획의 무산을 의미하지는 않았다. 때마침 베트남 정부의 군사고문단 파견 요청이 있었고, 이에 따라 군사정부는 비밀리에 일명 'M-21 계획'을 수립해 본격적인 파병을 위한 사전 준비에 들어갔다. 1962년 7월 24일 베트남 파견에서 복귀한 군사고문단은 박정희 의장에게 〈M-21 보고서〉를 제출한다. 이 보고서의 한국군 적용 방안에는 '베트남 파병을 위한 유격전투단 창설과 훈련 방안', 첩보망 강화를 위한 국민 조직 재편성 방안이 포함되었다.[69]

이후 한국 정부는 이미 1962년부터 파병에 적합한 공수부대 양성을 위해 장교들 다수를 미국 특수전학교에 입교시켰다. 나아가 육군본부는 유격전투단 창설을 위해 제1특전단 부대원들을 특수훈련 교관으로 활용했고, 1965년 9월 3차 파병[70]부터 군단급 규모의 전투부대를 보내면서 제1특전단 일부를 파병부대에 편제시켰다.[71] 1968년 수도사단 대대장이었던 노태우 역시 1969년 초 1연대 3대대(맹호부대 재구대대) 대대장으로 베트남에서 복무했다. 재구대대는 맹호부대의 최전선을 담당했으며, 이들이 평정한 마을을 '재구촌'이라 불렀다.[72] 동시에 1969년 초 설립된 제1유격여단과 제2유격여단에는 베트남 파병 경험자들이 배치됐고, 같은 해 8월 18일 정식 출범한 특수전사령부는 1970년부터 '독수리 계획'에 의거 6개월 단위로 특전사 부대원들을 파병, 계속해서 그 규모를 확대한다.[73] 이에 따라 전두환 또한 1970년 육군 제9보병사단(백마부대) 29연대장으로 베트남전에 참전했다.[74] 이어서 1972년 9월 제1·3·5공수특전여단이, 1974년 10월에는 제7·9공수특전여단이 창설된다.

4장에서 자세히 다루겠지만, 이처럼 1980년 당시 공수특전단은 앞서 밝힌 두 번의 민간인 살해 현장에서 자유롭기 어렵다.[75] 또 한국군은 이 경험의 축적 이후에도 국가 차원에서 정당화의 시혜를 받았다. 당시 정부는 1973년 3월 베트남에서 완전히 철군할 때까지 8년여에 걸쳐 약 32만여 명의 군인들을 출병시켰으며, 베트남을 제2전선으로 간주해 한반도와 결코 무관한 전쟁일 수 없다는 홍보에 사력을 다했다. 이 때문에 1966년 5월 6일 설립된 '파월장병지원위원회'의 주요 임무 중 하나가 '베트남 사태와 베트남 파병에 대한 홍보, 계몽'이었다. 중앙에서부터 최하위 행정 단위인 리와 동 단위까지 설치된 2637개의 이 위원회에는 약 5만 3000명에 이르는 각 지역의 행정기관과 민간단체의 책임자급 대표가 총망라되었다. 파월 장병 환송과 환영 행사, 파월 장병 가족 돕기 운동 등 위원회가 전개한 활동들은 대규모 대중 동원의 형태를 띠었고, 전방의 전쟁을 후방에서 물심양면으로 지원하는 총력전의 양상을 방불케 했다.[76] 이와는 대조적으로 미군의 경우 참전 당시부터 수년에 걸쳐 소위 '추악한 전쟁'에 대한 비난과 질타, 사회적 반성이 뒤따랐다. 일명 '미라이'로 상징되는 민간인 학살 사건에 대한 파장은 참전 군인들이 귀향해 그들이 치른 전투에 대한 합리화와 수용 과정을 결정적으로 방해하는 요인이 된 것으로 알려졌다.[77] 반면 파병 시기 우리 군의 민간인 학살 문제가 공식적으로 대두되기 전 한국에서 베트남전쟁은 '참전 효과나 이념적 정당성으로 기억'되었다. 오히려 '베트남의 패전을 대대적으로 부각하는 국가의 기억은 권위주의 체제의 유지·강화의 주요 자원'으로 활용되었다.[78] 다음은 5·18을 무력으로 제압한 직후 스스로 국보위상임위원장에 오른 전두환의 전역사 중 일부다.

> "또한 본인이 …… 주월 백마부대 연대장으로 재직 시, 패망 직전의 월남 사회의 혼란상을 목격한 결과 국가의 생존은 어디까지나 국가안보에 우선권을 두어야 하며, 내부의 안정과 질서가 무너진 상황하에서는 자유도 정치 발언도 사상누각이 되고 만다는 것을 뼈아프게 절감한 바 있습니다."(1980.8.22.)[79]

이러한 사회적 환경은 참전 배경을 지닌 우리 군에게 살해의 비율을 높이는 데 실질적 도움이 되는 둔감화desensitization가 촉진되었을 가능성을 시사한다. 나아가 적어도 이 시기까지는 파병 군인들이 귀환 이후 그들이 행한 살해의 합리화와 수용 과정에 방해받지 않은 조건에 놓여 있었음을 뜻한다. 다음의 진술은 그 결과를 보여준다.

> "공수대원들은 상당수가 월남전 얘기를 입에 올리기를 잘했는데, 그중 한 명은 대검을 빼어 들고, '이 대검은 월남에서 베트콩 여자 유방을 사십 개 이상 자른 기념 칼이다' 하고 자

랑하며 그 대검으로 앞사람의 더벅머리를 탁 쳤다. 머리카락이 잘려나가면서 스포츠머리처럼 되었다. …… 내가 이름을 기억하는 사람은 공수부대의 강창수 상사인데, 그는 우리 앞에서 '나는 강창수 상사다. 나는 월남전에도 나가봤고 부마사태 때 진압도 나가봤다 ……'고 자기의 악랄함을 과시하였다."(강길조, 1942.4.5. 당시 나이 38세, 전남방직 노무계장, 조사 일시 1988.7.)[80]

"갑자기 공수대원 한 명이 '이 대검은 월남전에서 여자 유방을 몇 개나 자른 대검이다' '이 새끼들 다 죽인다' 하면서 순식간에 옆에 앉아 있던 김승철씨 머리를 그대로 찔러버리는 것이었다. 비명 소리가 들렸다."(김옥환, 1963.11.3. 당시 나이 17세, 고등학생, 조사 일시 1988.12.)[81]

4. 여전히 숨겨진 그들과 함께 살아가기

지금까지 우리는 '5·18 당시 가해자들은 어떤 동인과 행동양식으로 학살을 자행했는가?'에 대한 답을 찾는 여정을 함께했다. 그 결과 고위간부·지도자의 학살동인은 신직업주의적 정향을 지닌 신군부의 이데올로기적 특성으로 인해 '반호남주의와 반공주의의 이데올로기 접합'이 이뤄진 결과라는 것을 알 수 있었다. 또 그들의 조직적 특징 역시 학살 실행의 주요한 배경이 되었음을 확인했다. 신군부는 박정희 정권 기간 정착된 친위부대적 성격, 하나회로 대표되는 정치장교 그룹의 형성, 미군의 작전통제권에서 벗어난 조직 계통의 특성을 지녔던 것이다. 한편 일명 '공수부대'의 학살동인과 행동양식은 명령체계에 따른 복종, 이데올로기 주입 효과, 동료집단의 압력과 집단의 순응성 등 여타 정치적 학살의 가해자들에게서 발견되는 보편적 특성을 공유하고 있었다. 나아가 당시 투입된 군이 일반 정규군이 아닌 특전사였다는 사실, 이전 제노사이드의 학습에서 말미암은 역사적 문화적 특수성 등이 결합되었음을 확인했다.

그렇다면 그들은 그 후 어떻게 되었을까? 모두가 알다시피 신군부 최상층 지도부 전두환과 노태우는 그로부터 13년간 바통을 이어받으며 최고 권력자의 위치를 나란히 지키다 얼마 전 편안히 숨을 거뒀다. 물론 이들에 대한 법적 단죄가 전혀 없었던 것은 아니다. 1995년 12월 21일 제정된 '헌정질서 파괴 범죄의 공소시효 등에 관한 특례법'과 '5·18민주화운동 등에 관한 특별법'에 따라 검찰이 재수사에 착수한 것이다. 그리고 검찰은 1996년 1월 23일 12·12와 5·18 내란 사건 핵심 관련자 16명을 기소했다. 1994년 5월 13일 시민단체에 의해 고발된 5·18 관련 수사 발표(1995년 7월 18일)에서 '성공한 쿠데타는 처벌할 수 없다'는 유명한 금언을 남긴 지 1년 6개월여 만이었다. 그러나 그 결과는 뭇사람들의 기억에 각인된 것처럼 수의를 입고 재판정에 기립해 있던 그들의 이미지와는 사뭇 달랐다. 우선 5·18과 관련해 고발된 35명 중 최종적으로 기소된 사람은 전두환·노태우·이희성·정호용·최세창·박준병

등 6명에 불과했다. 또 논란을 빚으며 대법원에서 무죄 판결이 확정된 박준병을 제외한 이들에게 적용된 혐의인 내란 목적 살인 행위 역시 1980년 5월 27일 전남도청 진압 작전 과정에서 숨진 17명에 대한 것이 전부다. 그나마 주로 12·12와 관련한 사안에서 실형이 선고된 전두환(무기징역)·노태우(징역 17년)·정호용(징역 7년)·최세창(징역 5년) 등은 1997년 12월 22일 채 2년이 안 되는 수감생활을 마치고 모두 사면 복권되어 석방됐다.[82]

일선 지휘관들에 대한 법적 처벌 역시 다를 바 없었다. 이 재판이 진행된 김영삼 정권 시기에도 군내 요직에 포진해 있던 당사자들의 반발로 수사와 기소가 대폭 축소되었기 때문이다. 이 같은 정황은 5·18 관련 지휘관들의 동정을 지속적으로 파악한 옛 국군기무사령부 문건에 상세히 기록되어 있다. 이에 대해 1995년 2월 3일 자 〈군검찰부 5·18 관계 조사 진행 동정〉은 다음과 같이 보고한다. "당초 소환 대상이었던 56명의 참고인이 대대당 1~2명으로 대폭 줄어들고, 진압 작전에 참여한 12대대 중대장 14명에 대한 조사를 끝으로 수사를 마무리했다."[83] 1980년 5월 21일 도청 앞 집단 발포는 물론 여타 발포 사건들, 시 외곽 지역에서 발생한 민간인 학살, 대검 사용, 조준사격, 암매장, 집단성폭행 등 기타 잔학 행위에 의해 사망, 부상한 시민들에 대한 책임은 누구에게도 묻지 못한 것이다. 이후 2020년 1월 3일 공식 출범한 '5·18민주화운동진상규명조사위원회'(5·18진상조사위)의 조사 이전까지 총 9차례의 조사 시도에도 불구하고 주요 쟁점 및 개별 사건에 대한 가해

오월의 정치사회학

자조차 대부분 특정하지 못했다.[84] 이 때문에 장교와 사병에 대한 수사나 처벌은 아예 논의 대상은커녕 본격적인 조사조차 진행되지 못하다가 최근에서야 관계 기관에서 관련자들에 대한 공식적인 접근을 시도하는 형편이다.[85] 2018년 3월 13일 제정된 '5·18민주화운동 진상규명을 위한 특별법'(약칭 5·18진상규명법)에 따라 5·18진상조사위가 구타와 대검 사용, 사격으로 인한 부상과 사망, 감금, 고문, 강간, 강제추행, 암매장, 발포 명령 등의 사안 등에 대해 비로소 구체적인 퍼즐을 맞춰가는 것이다.

그렇게 그들은 수사, 기소, 재판은 물론 그때 그곳에서 사람들을 경악시켰던 구체적인 행적마저도 낱낱이 밝혀진 적 없이 진실의 장막 뒤에 가려진 채로 40여 년을 살아왔다. 어쩌면 우리 곁의 선한 이웃 중 한 명의 얼굴이었을 그들 중 누군가는 자책과 트라우마에 시달리며 온전한 삶을 살지 못했을 것이다. 또 다른 누군가는 아마도 얼마 전 유명을 달리한 전두환처럼 여전히 당당히 거짓을 유포하고, 희생자와 5·18을 끊임없이 공격하는 것으로 그들의 행위를 정당화하고 합리화해왔을 것이다.

"누구에게도 말하지 못했어요. 나뿐만 아니라 같이 광주에 투입됐던 이들도 마찬가지였을 거예요. 매년 5월이 되면 대학 학생회에서 주관하는 5·18 행사의 일환으로 학교 캠퍼스에 광주의 참상을 담은 사진 전시회가 열렸습니다. 그걸 볼 때마다 내가 당시 광주에 다녀왔다는 사실 때문에 죄스러운 마음이 들었습니다."[86]

1989년 1월 16일 평화민주당 당사에서 기자회견을 통해 광주에 출동한 계엄군의 민간인 학살을 최초 증언한 바 있는 최영신의 고백이다. 그는 1980년 5월 7공수 33대대 중사로 광주에 투입됐다. 이어지는 장면은 지난 2021년 4월 26일 11공수여단 소속 계엄군이었던 최모 씨의 진술 기록이다.

조사관이 챙겨온 자료 사진을 꺼냈다. 사진을 본 최씨는 한참 동안 말을 잇지 못했다. 침묵이 흘렀다. 최씨는 결국 눈물을 쏟았다. "40년 만에 보는 장면인데…… 내 기억이랑 똑같네. 잊히지가 않아." 최씨는 "잊고 싶어도 잊히지가 않네"라는 말을 되풀이하며 내내 눈물을 흘렸다.[87]

5·18의 세월이 40여 년을 지나는 동안 그들의 시간 역시 강제된 침묵 속에서 폭력의 기억 저편 어딘가에 멈춰버린 것이다. 이들이 사실을 직면해 고발하고, 더 나아가 고백하고 참회할 수 있는 제도적 장을 만나지 못했던 탓이다. 민주화의 진전에 따라 뒤바뀐 정의와 여전히 불화하는 스스로와도, 나아가 피해자, 그리고 사회와 화해하는 과정이 생략된 것이다. 그렇게 지나온 40여 년은 그들 중 누군가에게는 부상으로 인한 후유증과 외상후스트레스장애PTSD에 짓눌려 방치되어왔던 고통의 세월이었을 것이다. 이들의 시간은 이들에게 작전 명령을 내리고, 포괄적 의미의 살해와 폭행을 지시·방관·조장했던

지도자와 신군부의 고위층이 승승장구해온 시간과 함께 흘렀다. 그러니 적어도 그 부분에서만큼 그들은 국가와 사회로부터 버림받았다. 자신을 철저한 외면 속에 가두는 것 외에 우리 사회가 마련한 별다른 제도적 선택지는 존재하지 않았던 것. 따라서 긴 세월 드리운 시간의 장막이 단지 그들만의 것이 아니었다면, 이제 그들의 이야기를 세상 속에서 마주할 수 있어야 한다. 이는 마침내 지체된 정의를 직면하는 과정일 뿐만 아니라 국가에 의해 버려진 한 인간의 삶을 복원하기 위해 우리 사회가 치러야 할 뒤늦은 대가이자 의무일 것이다. 그런 의미에서 5·18진상조사위가 2021년 5월 31일 작전에 참여한 군과 시위 진압에 투입된 경찰의 사망, 상해 등에 관한 피해 조사를 의결한 일은 고무적이다.[88]

그럼에도 한 가지 놓쳐서는 안 되는 것이 있다. 지금껏 단 한 번도 공식적으로 따져볼 기회가 없었지만, 사실 5·18 당시 광주와 그 인근에는 전문화된 특수부대인 3·7·11공수여단만 있지 않았다. 기계화보병사단인 제20사단과 향토사단인 제31사단 역시 계엄의 이름으로 그곳에 함께 있었다. 이들의 숫자는 문서 자료를 통해 파악된 규모만 총 2만 353명에 이른다. 그나마 현장에 노출되었던 의무경관이나 경찰 병력은 제외된 숫자다. 21세기를 맞이하고도 스물세 해가 훌쩍 지난 오늘, 우리는 어림잡아 수만이 넘는 이들을 무엇이라 불러야 할까? 피로 얼룩진 광주에 투입된 계엄군이었으므로 그저 모두 가해자일 뿐일까? 아니면 국가의 부름에 응해 어쩔 수 없이 의도치 않은 명령을 수행했어야만 하는 국가폭력의 희생자일까? 기실 학살 논의에 있어서 그들은 두말할 것 없이 근본적으로 가해자의 신분이다. 동시에 누군가의 잔학 행위를 지켜본 목격자이기도 하다. 또 근대국가의 규율체제에 의해 징집의 의무를 수행해야 했던 한 사람의 시민이었던 것 역시 움직일 수 없는 사실이다. 바로 이 지점이 5·18 가해자에 대한 사회적 논의의 본질이자 공론화의 빗장을 여는 출발선이다. 국가폭력의 가해자와 피해자의 이중적 지위에 있는 정규군의 위치에 대한 섬세한 접근이 요청되는 것이다.

바꿔 말해 가해자에 대한 성격 규정은 이전 권위주의 세력의 국가폭력을 사회화하고, 역사화하는 도정에서 필연적으로 부딪치는 문제인 '진실규명이 먼저냐?' '처벌이 우선이냐?' 하는 정치적·사회적 선택과 직결된다. 이 두 가지 길은 세계 곳곳 역사 속 수많은 사례에서 양자택일의 사안으로 남아 있다. 그중 비시 정권의 과오를 철저히 파헤친 프랑스의 처벌 모델과 법적 처벌 대신 진상규명을 택한 남아프리카공화국의 진실 모델이 대표적 선택지로 거론된다.

하지만 지난 2020년 문재인 대통령의 5·18 기념연설문을 통해 재조명된 남아프리카공화국의 이행 모델은 세간의 오해처럼 가해자에 대한 처벌을 가벼이 여긴 결과가 아니다. 그들의 선택에는 크게 두 가지 이유가 있다. 첫째, 남아프리카공화국은 이전 권위주의 세력과의 타협을 통해 민주주의 이행의 길을 열었다. 따라서 개혁 세력들이 정치적 세력 관계에서 압도적 우위를 차지하지 못했던 힘의 역관계에 따른 구조적 제약이 컸다. 둘째, 가해자에 대한 일괄 사면은 진실과 맞

바꾼 교환의 성격이 짙었다. 국가권력이 주체가 되는 반인권 범죄의 특성상 법적 증거로 사용될 수 있는 문서 기록이나 관련자들의 증언을 확보하기 어려운 현실적 난제를 극복하기 위한 우회로였던 셈이다. 이에 따라 수많은 비판에도 불구하고 남아프리카공화국은 가해자들이 그들의 행위에 대해 진실을 고백하는 것을 전제로 사안에 따라 지위에 따라 처벌을 면제하는 과감한 결정을 내렸다. 그들은 이를 통해 피해자의 주장만이 아닌 가해자의 증언을 광범위하게 확보하는 역사적 기록을 남겼다. 그러나 남아프리카공화국 진실과화해위원회 Truth and Reconciliation Commission, TRC의 일명 진실 모델은 기존 행형체계와의 부정합, 사법권의 침해, 무엇보다 반인륜 범죄에 대한 면죄부 발행이라는 윤리적 문제를 큰 숙제로 남겼다.

결과적으로 이 사례를 통해 우리가 되짚어봐야 할 사실은 이제껏 우리는 진실과 처벌 중 그 어느 것에도 온전히 다가가지 못했다는 지점이다. 비록 여러 굴곡을 딛고 온 더딘 발걸음이었지만 지금 우리는 어느덧 그 진실의 문 앞에 다다랐다. 그 문을 열 열쇠는 필경 가해자의 이름에서 벗어날 기회를 얻지 못한 수많은 우리 장병들의 기억과 증언, 그리고 고백들 속에 가라앉아 있을 것이다. 따라서 5·18 가해자에 대한 사회적 논의에서 실제 반인권 범죄를 저지른 직접 당사자인 문자 그대로의 가해자와 명령에 따라 수동적으로 임무를 수행한 일반 군인들을 구분하는 현실적·제도적 조처가 필요하다. 이를 위해 개별 사안의 정도와 성격에 따라 처벌 수위를 어떻게 조정하고, 어떤 경우에는 면제할 것인지에 대한 구체적인 논의가 뒤따라야 할 것이다. 진실과 처벌의 균형추를 어디에 둘 것인지 이제는 말할 수 있어야 하며, 더 이상 회피해서는 안 되는 시점에 이른 것이다. 그 과정을 직시할 때만이 우리 군은 과거의 오명에서 벗어나 비로소 민주공화국의 군대로서 진정한 명예 회복을 꾀할 수 있을 것이다.

오월의 정치사회학

2장

대중은 왜 침묵했을까?

1. 대중의 지지 혹은 방관은
어떤 영향을 끼칠까?

앞 장의 논의가 5·18 연구사의 대표적인 공백으로 지적되어 온 가해자에 대한 논의라면, 이 장은 또 하나의 빈자리인 다른 지역의 침묵에 대한 정치사회학적 설명이다. 이는 소위 사태가 전개되는 동안 광주와 일부 인접 지역을 제외한 다른 지역의 대중은 정치적 행위자로서 어떠한 집단적 의사 표현도 보여주지 않았다는 사실과 연계된다. 왜 그랬을까? 기존 연구에서 이 질문에 대한 답은 광주 인근의 물리적 봉쇄와 이로 인한 고립화 성공, 그리고 언론 통제의 결과로 설명해왔다. 그러나 어찌 보면 자명한 이 같은 해석은 극도의 강제력이 발동된 상황이라는 구조의 한계에 지나치게 매몰된 측면이 있다. 다시 말해 다른 지역의 침묵에 관한 의문은 쿠데타 진행 과정이라는 억압적 조건과 함께 정치적 행위자로서 대중의 선택에 대한 천착이 동시에 고려되어야 한다. 이는 학살 관련 연구에서 오랜 기원을 갖는 학살과 대중의 지지 문제, 그리고 선전과 왜곡된 정보의 효과에 대한 논의로 이어진다. 자신과 직접적인 상관이 없다고 생각되는 학살을 대하는 대중의 태도, 그리고 허용과 비허용의 경계가 분명한 정보와 때로는 정교하게 조작된 선전의 효과에 대한 분석이 요청되는 것이다.

이 같은 학살과 대중의 지지 문제는 사회 균열의 영향력을 주된 변수로 삼는 다원적 사회 이론가들이 중시하는 주제다. 사회 구성원 간 격렬한 갈등이나 극심한 증오와 편견의 역사를 지닌 사회에서 학살이 일어나고, 이때 대중은 학살에 동조하거나 명백한 지지 의사를 표명한다는 것이다. 극심한 인종 갈등의 대명사인 보스니아헤르체코비나나 터키의 아르메니아인 학살, 종교 분쟁의 선례로 알려진 인도나 파키스탄 등이 그 예로 곧잘 거론된다.

그러나 일부 학자들은 다원적 사회 이론의 이러한 가정에 의문을 제기한다. 대중의 지지가 학살 실행에 필수적이거나 기본 요건일 수 없다는 반론이다. 예컨대 미국 남부 지역의 흑인에 대한 인종주의적 폭력 선동에 대한 대중의 참여와 지지는 나치 독일의 사례보다 훨씬 높았으며, 이러한 역사적 사실은 학살과 대중적 지지의 상관관계에 의문부호를 표시할 의미 있는 반증이 된다.[1] 이 주장을 받아들인다면, 적어도 학살과 대중의 지지는 반드시 인과관계가 성립되는 사안은 아니라고 볼 수 있다. 이에 대해 로버트 웨이트는 홀로코스트에 도움이 됐던 환경으로 '학살에 대한 대중의 무관심과 선한 영향력을 지닌 엘리트들의 침묵'을 꼽는다.[2] 나치 독일 시기 대중의 여론을 연구한 제임스 시한 역시 홀로코스트의 실행에 있어 결정적 역할을 한 것은 '독일인들의 신뢰와 지원이 아니라 순응'이었다고 밝힌다.[3] 한마디로 학살에 대중의 적극적 지지가 반드시 필요한 요소는 아니지만, 적어도 방관이나 무관심이 미치는 순기능은 무시할 수 없는 영향을 준다는 것을 알 수 있다. 5·18도 마찬가지였다.

2. 국가와 언론이 만든 적, 광주

일반적으로 학살이나 제노사이드를 기획하고 정당화하기 위한 국가의 전략은 '거짓 정보의 전파와 선전'에 집중하는 경향이 있다. 이를 위해 가해자들이 취할 수 있는 정책 방향은 크게 두 가지로 나뉜다. 그 하나는 학살이나 제노사이드의 실상이나 동기를 철저히 은폐하는 것이다. 다른 하나는 사회적 갈등을 조장하거나 그 영향력이 미미한 차원에 머물렀던 기존 사회 균열을 활성화하는 더 적극적인 개입 방식이다. 이때 단순히 감정 차원에 머물렀던 한 집단에 대한 심리적 두려움이나 혐오를 실질적 위협으로 과장하는 방식이 즐겨 사용된다. 학살을 은폐하는 전자의 경계가 국경선이라면, 갈등을 증폭시키는 후자의 범주는 제거 대상으로 지목된 사회집단을 제외한 내부 국민이다.[4] 5·18의 경우 이 두 가지 목표가 동시에 실현된 사례라 할 수 있다. 국가의 선전은 학살의 진상과 원인을 비밀에 부쳤고, 잠재적인 형태에 머물렀던 한 집단에 대한 혐오를 실질적 위협으로 과장해 갈등을 생성시켰기 때문이다. 이 같은 목표를 달성하기 위해 국가가 실행한 선전의 방식과 효과를 검증하기 위해서는 당시 동원된 국가의 담론 전략에 대한 체계적인 검토가 필요하다.

이 글에서는 학살의 실행과 추후 정당화 과정에서 나타나는 국가의 담론 전략을 확인하기 위한 개념으로 스탠리 코언에 의해 제시된 부인 전략denial strategy을 활용한다. 그에 따르면 국가의 공식 부인 담론은 '전면적 부인literal denial' '해석적 부인interpretive denial' '함축적 부인implicatory denial'이라는 형태로 세분화된다.[5] '전면적 부인'은 사전적 의미 그대로 "아무 일도 일어나지 않았다"거나 진실이 아니라고 주장하는 것이다. 캄보디아 크메르루주의 학살 부인이나 일명 '추악한 전쟁'으로 알려진 아르헨티나 군부의 '실종자'에 대한 반응이 대표적이다. 반면 '해석적 부인'은 "실제로는 그렇지 않다"는 어구로 표현된다. 사건 발생 자체는 부정하지 않지만, 사안을 전혀 다른 방식으로 해석하는 것이다. 이 경우 사건을 학살이나 잔학 행위가 아닌 전혀 새로운 범주에 편입시켜 합리화하는 전략이 주로 사용된다. 대표적으로 나치가 유대인 절멸을 일컬은 '청소' '소독' '적절한 취급' '정리', 우간다의 이디아민이 암살부대를 지칭한 '국립연구소' 등의 완곡어법, '제3세력'이나 '불순분자', 오랜 편견에서 비롯된 갈등이 불유쾌한 일을 발생시켰다는 책임의 부인 등의 기법이 있다. 마지막으로 '함축적 부인'은 사건에 대한 정치적·도덕적 함의를 부정하거나 축소하기 위해 정당화하는 기법이다. 주로 위대한 선이나 신성한 사명으로 포장된 신화화된 정의, 맥락화, 공리적·편의적 필요성 강조, 피해자의 존재 부인, 자신과 유리한 방식의 비교 등의 방법이 사용된다.[6] 이처럼 부인 담론을 통한 담론 전략의 해체는 공식 담론의 정당화 패턴을 파악할 수 있는 이점이 있다. 따라서 다음에서는 코언이 제안한 개념을 토대로 당대의 폭력을 부인하고, 궁극적으로는 이를 정당화하기 위한 국가의 전략을 확인한다.

우선 사태에 대한 정부의 공식 설명은 신군부가 1980년 5월 31일 5·18의 원인과 성격을 종합 정리해 공표한 〈광주사태에 대한 계엄사 발표〉에 잘 드러나 있다. 실제 이 담화에서는 '전면적 부인' '해석적 부인' '함축적 부인' 개념이 모두 동원된다. 특히 5·18의 성격을 규정한 최초의 국가 공식 담론이었던 '지역주의 담론'과 '배후론'은 이를 포괄하는 핵심 전략이다. 이는 제노사이드나 여타 학살 가해자들의 정책 방향과 다름없는 전형성이라 볼 수 있다.

폭력과 무질서를 격화시키고 무장 폭도에 의한 살상 파괴, 방화, 약탈과 심지어는 정부에 대항하는 시민군을 자처하여 저항, 봉기를 선동 획책한 이번 광주사태의 진상은 ……
5월 18일 상오 10시경 광주 시내 중심가로 불법 진출한 전남대생 2백여 명의 시위 행렬은 계엄 철폐 등의 구호를 외치며 점차 격렬화, 하오 2시경에는 1천여 명으로 늘어나 경찰과 투석전으로 대치하면서 경찰 지프에 방화하는 등 도저히 경찰력으로서는 저지할 수 없는 상황에 이르렀다.

이에 계엄 당국은 부득이 하오 4시 30분경 군병력을 투입하여 강력 저지에 나섰으며, 이때의 시위 군중은 대부분 학생들이었는바, 저지에 나선 젊은 군인에게 학생들은 투석과 폭행으로 대항하였고 주변 건물의 일부 시민이 합세하여 군인에게 투석함으로써 상호 간 부상자가 발행하자, 다 같이 혈기왕성한 젊은 군인과 학생들은 감정 폭발, 욕설과 고함으로 대항하기에 이르렀으며, 이러한 소란 중에 **불순분자의 소행으로 보이는 유언비어로써 "경상도 군인이 전라도 사람의 씨를 말리러 왔다" "경상도 군인만 골라서 왔다"는 등 냉철한 이성으로써는 상상할 수 없는 지역감정을 촉발 선동하는 말들이 삽시간에 전 광주 시내에 퍼져, 시민을 흥분시키고 시위 양상을 극렬화하게 되었던 것이다.**

이러한 근거 없는 **유언비어는** …… 시위 군중과 시민들을 고의적으로 자극 흥분시키려는 목적하에 조작, 유포시킨 것으로서 이는 우리 **내부의 분열과 혼란을 극대화시키려는 고첩과 불순분자들의 계획적 소행**이었다.

19일에도 유언비어는 시내에 더욱 퍼져 이성과 냉철을 상실한 군중심리가 광주 시내를 휩쓸게 되었고 흥분한 일부 군중이 극렬한 시위를 감행하면서 화염병으로 파출소를 방화하는가 하면, 차량도 방화·파괴하였으며 **유언비어도 더욱 감정을 자극하는 내용이 시시각각으로 조작되어 유포**되었다. 20일에는 흥분한 군중 1만 명이 시위하면서 엠비시 방송국을 방화, 시청 파괴, 도청 앞 저지 경찰관 4명을 차로 압사하는가 하면 시내 수 개 파출소를 파괴하면서 철야 시위를 계속하였다.

21일에는 광주 세무서를 방화, 전소케 하면서 **평소의 원념을 발산**하여 난동으로 시비에스 방송국과 차량을 탈취, 방화하였고 방산업체인 아세아자동차 공장을 습격, 군에 납품할 장갑차를 비롯한 군용 차량과 민수용 차량 2백여 대를 탈취하여 나주, 화순 방면으로 진출하면서 티엔티 폭약, 총기를 닥치는 대로 약탈, 완전히 무장 폭도화하기에 이르렀던 것이다.

특히 이날 무장 폭도들은 간첩 및 좌익인 170여 명이 내포된 2천 7백여 명의 복역 죄수가 수용되어 있는 광주교도소를 5차에 걸쳐 습격하여, 이들을 탈소시켜서 폭도에 가담시키기 위해 교도소를 지키고 있는 계엄군과 교전, 양측에 사상자를 내게 하는 폭거를 자행하였으며, 시내를 무법천지의 공포 도시로 화하였다.

더우기 시민의 봉기를 선동하는 가두 방송 외에도 용의주도하게 만들어진 전단과 심지어는 지하신문(18일~26일간 9호까지 발행)까지 발행하면서 계엄군 섬멸을 구호로 외치는 외에 **연행된 김대중 석방을 요구**, 주장하였다. ……

군은 무장 폭도들과 충돌로 무고한 시민의 생명과 재산에 손상을 입히는 불행한 결과를 회피하기 위해 **21일 밤 외곽지대로 철수**, 시내와 외부와의 교류를 차단-봉쇄하는 한편, 여타 지역에서의 난동을 진압하는 데 주력하였으며, **계엄군에게 일체 발포치 않도록 엄중히 시달, 최소한의 자위권 발동마저도 자제**하였던 것이다.

22일 광주시는 무장 폭도들의 지배하에 완전히 장악되어 치안 부재의 무법천지가 계속되는 가운데 …… **약탈 행위는 극에 달하였는데,** 이를 바라보는 시민들이 냉정을 회복하기 시작, 점차 이탈하는 기색이 늘어났으며, **폭도들은 불량배와 특정 정치 목적을 가진 불순분자가 대부분을 차지하고 학생은 30% 정도에 불과**하게 되었다. ……

23일에 이르러 일부 지방 유지와 온건파 학생들이 사태의 수습의 필요성을 내세워 수습위원회를 구성, 무기의 회수와 당국과의 협의를 통한 사태 수습을 모색하였으며 강경파인 불순 배후 조종 분자와의 대립으로 아무런 성과를 거두지 못한 채 도리어 일부 회수된 무기를 강경파 분자들에게 탈취당하는 결과를 가져왔으며 ……

24일 …… 수습위원회가 강·온건파로 갈린 채 각기 수습을 둘러싼 대결상을 보이면서 난동은 그대로 지속되었다.

25일에도 수습위원회 활동이 강·온 양파로 갈린 채 각각 별도의 행동을 보여 아무런 진전을 이루지 못하는 가운데 강경파에 의한 시민궐기대회가 시민 5만 명 참가 아래 열려 "김대중 석방" "계엄 철폐" 등을 요구하는 결의를 하였고 ……

특히 계엄군이 진입, 진압하기 전날인 26일에는 강경파 폭도들은 …… 선동을 계속하여 이날 하오 3시경 5천 명이 다시 궐기대회와 시위 행진을 감행했던 것이다.

이상과 같은 9일간의 광주폭동사태의 경위와 진상을 살펴볼 때 **비록 발단은 계엄군과 전남대학생들의 충돌에서 일어**

났다고는 하나 조직적이고 치밀한 배후 조종과 교묘한 난동을 통해서 광주 지역 시민들의 지역감정을 촉발, 흥분시킴으로써 걷잡을 수 없는 군중심리의 폭발로 유도하여 사태를 최악의 상황으로 몰아넣은 데에는,

첫째, 북괴의 고첩과 이에 협력하는 불순분자들이 책동 흔적이 있는바 전남 해안으로 상륙 침투하여 광주 일원에서 활동타가 서울로 잠입, 공작 임무를 확산시키려다 23일 검거된 남파간첩 이창용의 그간의 필답필문에 의한 진술과 당국에 포착된 몇 가지 징후가 일치 실증되었으며,

둘째, 불순한 정치적 목적을 달성하기 위하여 학생 소요사태를 배후 조종해온 김대중이 광주시의 전남대와 조선대 내 추종 학생(주로 복학생 중심)들을 조종 선동하여 온 것이 소요사태의 발단이 되었고 사태의 악화와 폭동의 과정에서 광주 시내 골수 추종 분자들이 단계적이며 조직적으로 이를 격화시킨 사실이 수사 과정에서 계속 판명되고 있는 것이다. ……
광주사태가 무장 폭도들에 의해 무법천지화한 단계에서도 군은 끝까지 무익한 자극과 무고한 시민의 피해를 염려하여 최소한의 자위권 발동마저도 자제하였으며 비록 군인이 폭도에게 잡혀 무참히 난자, 학살되는 것을 보면서도 총 한 방 쏘지 않고 사태의 악화 방지에 주력하였다.

또한 계엄군이 시내에 머물러 있는 것이 유익하지 못하다는 판단하에 21일 시 외곽 지로 철수하여 다만 봉쇄에 만전을 기하면서 시민 자체의 수습 노력을 지켜보는 최대한의 인내도 감수하였으며, 21일 박충훈 국무총리서리의 담화와 25

일 대통령 각하의 현지 특별 담화, 그리고 계엄사령관 담화를 통해 간곡하고 절실하게 자제와 질서 회복을 호소하기도 하였던 것이다.

그럼에도 불구하고 광주사태는 악화일로를 거듭하면서 시민 자체의 수습력이 하등의 실효를 거두지 못했을 뿐 아니라 폭도들은 시민군을 자처하면서 무등산과 화순 방향 및 외곽 산야 지대에 진지를 구축하여 장기 게릴라전 태세를 갖추어가고 있었고 도청 내의 거점에서는 **엄청난 양의 티엔티 폭약을 장전하고 자폭 태세를 갖추는** 등 더 이상 폭도들의 기도를 방치할 경우 돌이킬 수 없는 참화가 일어날 것이 예측되기에 이르렀다.

이에 계엄군은 26일 밤 시내에 은밀 리에 폭도를 가장 침투시켰던 요원과 매수했던 난동 분자로 하여금 도청 내 폭약 폭발 장치 신관을 빼어 못 쓰게 만들고 총기를 작동 못 하도록 공작하는 과정에서 폭도에 들켜 1명 피살, 1명 중상의 **귀중한 희생을 치르면서도 끝내 성공시켜 27일 새벽, 군병력을 투입한 기습 진압 작전에서 쌍방 간에 큰 피해를 모면케 하는 데 크게 기여하였으며 선량한 시민과 폭도가 완전히 분리되어 있음을 확인한 후 효과적인 진압을 전개**하였던 것이다. ……

이번 사태에서 발행된 인명 피해는 민간인 144명, 군인 22명, 경찰 4명의 사망과 민간인 127명과 군인 109명, 경찰 144명이 부상된 것으로 밝혀졌다. ……

민간인 사상자는 **중화기로 무장한 폭도들이 방산업체와 군**

경으로부터 탈취한 장갑차, 트럭, 지프를 앞세워 5월 20~5월 22일간 5차에 걸쳐 광주교도소를 습격하였을 때 고수 방위 중인 계엄군과의 **교전으로 사망 28, 부상 70여 명이 발생했고**, 시내버스, 군·경 차량 등을 마구 탈취한 폭도들이 시위를 선동하거나 무기 탈취를 위해 이동 중 음주 운전 및 과속으로 인한 전복 충돌 등의 **교통사고를 일으켜 32명의 사상자가 발생**되었음이 검사 결과 밝혀졌는바, 탈취한 소총, 수류탄 등 무기류 취급 미숙에 의한 15명의 **자체 오발 사고**와 진압차 투입된 계엄군에 대한 **발악적 무력 저항 저지에 따른 17명의 희생**, 그리고 폭도 간의 강·온 양파 간에 의한 **살인 자행** 등에 의해 일단 밝혀졌는바 수사 진전에 따라 사망 원인이 대체로 구분되리라 전망된다. **특히 군·경의 사상 피해가 의외로 279명에 달하고 있는 것은** 사태가 초기 시위 군중들의 냉정을 기대하면서 부여된 **최소한의 자위권마저 억제한 결과이다.** ……

광주사태는 **그 발단과 동기의 시비곡직이 여하했든 간에** 다시는 이와 같은 불행한 사태가 발행하여서는 아니 되며 더우기 **지역감정에 연유된 힐항 현상이 되풀이되어서는 안 된**다고 생각한다. 또한 군이 **이번 사태의 와중에서 현지 시민들과의 융화에 다소 문제점이 있었으며,** 이에 대한 적절한 조처를 강구 중임을 알려드리고 심심한 유감의 뜻을 다시 한번 표하면서 국민 여러분께서는 이번 광주사태의 귀중한 교훈을 반성과 자제의 계기로 삼아 난국을 극복하는 데 정진하시기를 당부드리는 바이다.[7](이하 강조는 인용자)

먼저 사실 자체를 부정하는 국가의 '전면적 부인' 전략은 총기 발사, 일명 자위권과 관련한 부분에서 집중적으로 나타난다. 제시된 담화문에서 신군부는 총 세 차례에 걸쳐 발포를 부인한다. 첫 번째 부인은 "21일 밤 외곽 지대로 철수, 시내와 외부와의 교류를 차단-봉쇄하는 한편 …… 계엄군에게 일체 발포치 않도록 엄중히 시달"이라는 구절이다. 그러나 익히 알려졌듯이 이 시점은 이미 같은 날인 21일 전남도청 앞에서 군에 의한 무차별 발포가 있었던 이후이다.

두 번째 부인은 "무력 진압의 불가피성"이라는 항목 아래 "군은 끝까지 무익한 자극과 무고한 시민의 피해를 염려하여 최소한의 자위권 발동마저도 자제" "총 한 방 쏘지 않고 사태의 악화 방지에 주력했다"고 언급한 대목이다. 불법적인 발포 자체를 인정하지 않음으로써 스스로 밝히듯 "무익한 자극과 무고한 시민의 피해"라는 비난을 피하려는 의도를 담고 있다.

세 번째 부인은 "군·경의 사상 피해가 의외로 279명에 달하고 있는 것은 사태가 초기 시위 군중들의 냉정을 기대하면서 부여된 최소한의 자위권마저 억제한 결과"라는 설명이다. 오인 사격으로 인해 급격히 늘어난 사상 숫자를 변명하기 위한 것이지만,[8] 아군끼리 전투가 벌어진 사실 자체를 부정하기 위한 목적이 더 큰 진술이라고 볼 수 있다. 사건의 존재 자체를 부정하는 전면적 부인의 전형이다. "사태 초기"라는 어구를 통해 사건의 시점 자체를 뒤바꿔 진상의 배경을 미리 흠집 내고, "시위 군중"에게 책임을 전가하는 방식을 택하고 있다. 이처럼 '발포' 문제에 간결하고 강경한 성격의 전면적 부인이 주로 사용된 것은 가해자들 역시 사안의 중대성을 충분히 인지하고 있었음을 보여준다. 그만큼 부정하고자 하는 의지가 강했던 사안인 것이다.

다음으로 기본 사실은 인정하되 이에 적용되는 해석적 준거 틀을 부인하는 '해석적 부인'은 5·18의 경우 완곡어법과 책임 전가가 주로 활용된다. 완곡어법은 "저지" "제지" "진입" 등의 용어 사용에서 볼 수 있다. 이 중 "저지"라는 단어는 특히 눈여겨볼 필요가 있다. 계엄군의 과잉 폭력이 문제가 된 사태 초기부터 무력 진압으로 일단락된 후반까지 모든 충돌 상황을 묘사한 용어이기 때문이다. 이처럼 모든 행위를 "저지"로 묘사한 것은 과도한 폭력의 잔인성을 의도적으로 제거하는 효과가 있다. 동시에 단어 본연의 의미가 내포하는 공적 속성을 드러냄으로써 폭력을 정당화하는 결과를 가져온다. 더 나아가 "저지"는 시민의 행위를 규정한 "난동" "파괴" "폭력" "폭행" "방화" "약탈" "탈취" "난자" "학살" 등의 단어와 극적인 대비를 연출하면서 행위의 정당성을 배가시킨다.

한편 책임 전가를 통해 사건의 본질을 부인하는 국가의 전략은 두 가지 방식으로 나타난다. 하나는 국가가 통제할 수 없는 사물이나 현상에 책임을 돌리는 수법이고, 다른 하나는 피해자를 비난해 가해 행위를 합리화하는 것이다. 전자의 책임 전가는 "지역감정" "유언비어" 등을 사태의 원인으로 지목한 데서 찾을 수 있다. 후자의 피해자 비난은 "학생들의 투석과 폭행" 탓에 과잉 폭력이 발생했다는 부인에서 확인된다. 더불어 아군 간 오인 사격으로 인한 사상 피해는 "무장 폭도들의 교도소 습격" 때문에 벌어진 교전으로 둔갑한다. 특히 많은 사상자를 낸 강제적인 무력 진압 역시 피해자 측이 원인을 제공한 것으로 해석하고 있다. "수습위원회가 강·온건파로 갈린 채 각기 수습을 둘러싼 대결상을 보이면서 난동은 그대로 지속"되었다고 떠넘긴 것이다.

마지막으로 국가가 학살을 부정하는 세 번째 전략인 함축적 부인 담론은 공리적 편의적 필요성을 강조하거나 피해자의 존재 부정, 맥락화, 자기중심적 대비 등을 활용하는 것에서 나타난다. 우선 자기중심적 대비는 "학생에게 얻어맞으면서 다소 과격하게 다루거나" "군인이 폭도에게 잡혀 무참히 난자, 학살되는 것을 보면서도" 등의 언급이 전형적이다. 다음으로 공리적 필요성의 제기는 불순분자, 고정간첩, 남파간첩 그리고 내란을 기도한 김대중으로 특화되는 '안보' 위기의 부각에서 찾을 수 있다. 이에 더해 피해자의 부정 기법은 상황논리와 역사적 논리가 동시에 동원된다. "산야 지대에 진지를 구축하여 장기 게릴라전 태세를 갖추어가고 있었고 도청 내의 거점에서는 엄청난 양의 티엔티 폭약을 장전하고 자폭 태세를 갖추는 등 더 이상 폭도들의 기도를 방치할 경우 돌이킬 수 없는 참화가 일어날 것이 예측"되었다는 긴박한 상황에 대한 묘사와 "불순한 정치적 목적"을 위해 배후 조종과 선동을 해온 "김대중"이 본래 공산주의자였다는 사실의 발명을 그 예로 들 수 있다.

이 같은 필요성 강조와 피해자 비난은 공히 맥락화와 연결된다. 분단 구조 속에서 적과의 대치라는 상황을 십분 활용해온 특수한 역사적 조건과 환경을 강조하는 맥락인 것이다. 이는 1980년 5월 26일 발표된 정부 대변인 이광표 문화공보부 장관의 경고 담화 〈북괴는 도발 책동 중지하라. 위장 평화 내세워 적화 노려〉에서도 확인된다.[9] "북한 공산 집단이 최근의 우리 국내 사태를 그들의 적화 기도를 위한 기회로 악용하기 위해 …… 광주 지역의 소요를 공공연히 지지 선동하는 데 광분하고 있으며 노사관계 등 사회 각 분야에서의 대립을 조장, 대중봉기를 통한 폭력혁명 책동을 계속하고 있다"는 구절이다. 따라서 '배후론'은 5·18과 북한 위협의 맥락화가 잘 조합된 담론이라 할 수 있다.

그런데 사실 국가가 지목한 사태의 '배후'는 항쟁이 마무리되는 시점까지 총 3번 그 실체가 달라진다. 1980년 5월 21일 오전 "서울을 이탈한 학원 소요 주동 학생 및 깡패 등 현실 불만 세력",[10] 당일 오후 "상당수의 타 지역 불순 인물 및 고첩들",[11] 5월 31일 "북괴의 고첩과 이에 협력하는 불순분자들", 그리고 "대중선동, 민중봉기, 정부 전복을 위해 학생 소요를 배후 조종한 김대중"[12]으로의 변화다. 이 중 결국 배후의 최종 지점은 7월 4일 "북괴 노선을 지지해 유혈혁명을 일으켜 국가 전복을 획책한 김대중과 그의 추종자들"로 정리된다.[13]

하나씩 꼼꼼히 따져보자. 우선 배후의 첫 번째 대상인 학생과 깡패 등 불만 세력은 이미 발생한 유혈 진압과 살해를 부정하고 격화된 시위의 책임을 불만 세력에게 미루는 방식의 초보적 부인 전략으로 활용된다. 그럼에도 최초의 담화가 지목한 배후는 아직 국민의 경계 내에 있다는 점에서 이후의 대상과는 차별점을 갖는다. 발포 직후 등장한 두 번째 담화문의 '불순 인물과 고첩들'은 우리가 아닌 외부의 위협을 나타내기 때문이다. 이로써 내면화된 배제적 이데올로기인 반공주의와 5·18은 국가가 만든 담론의 질서 속에서 접합된다. 발포의 명분을 합리화하는 전략임과 동시에 우리 사회에 익숙한 경계지의 적을 통해 폭력을 정당화하는 맥락화인 것이다.[14] 이 같은 합리화와 맥락화를 이용한 함축적 부인 전략은 1980년 5월 31일 발표된 세 번째 담화를 통해 배후의 구체적 실체로 완성된다. 그는 "대중선동, 민중봉기, 정부 전복을 위해 학생 소요를 배후 조종한 김대중"이다. 앞의 두 번째 담화가 지목하는 대상이 '불순 인물과 고첩'으로 모호하게 표현되었다면, 이 담화에서 구체화된 불순 인물 김대중은 실체적 위협의 성격을 지닌다. 18년간 국가원수의 지위를 유지했던 박정희와 공개적인 정치의 장에서 비등한 경쟁을 벌였던 거물 야당인사가 내부의 적으로 밝혀졌기 때문이다. 특히 이 담화에서 "북괴의 고첩과 이에 협력하는 불순분자들"과 "불순한 정치적 목적을 달성하기 위하여 학생 소요사태를 배후 조종해온 것"으로 추정된 김대중의 전면 배치는 그를 실질적 위협으로 유인하기 위한 전략의 실행을 뜻한다. 1980년 7월 4일에 발표된 계엄사 담화는 이러한 전략의 최종 결과물이라 할 수 있다.[15] 이 담화에서 김대중은 '집권욕에 눈이 어두워 자신의 사조직인 민주연합 집행부에 복학생을 흡수, 학원 조직에 연결시켜 서울대·전남대생 등에 총학생회장 선거 자금 또는 데모 자금을 지급'한 것으로 발표된다. 게다가 '자신의 출신 지역인 호남을 정치 활동의 본거지로 삼아 다른 지역에 앞서서 학생 시위와 민중봉기가 이루어지도록 지원하고, 광주사태가 악화되자 호남 출신의 재경在京 폭력배 40여 명을 광주로 보내 조직적으로 폭력시위를 주동토록 배후에서 조종'한 것으로 그려진다.[16] '북괴'를 추종해 '선동'과 '배후 조종'으로 '국가 전복'을 획책한 '적'으로 판명된 것이다.

한편 이 같은 직접 선전 외에 학살을 은폐하는 또 다른 국가의 정책 방향은 물리력에 의한 철저한 고립 작전과 더불어 시행된 언론 통제를 통해 드러난다. 이는 신군부의 물샐틈없는 검열을 통과한 이후에야 빛을 볼 수 있었던 유일한 공식 정보인 신문과 방송을 통한 성격 규정의 힘이라 할 수 있다. 이에 대해 한 연구는 이 시기 신문들이 '기사의 구성이나 내용 면에서 그 차이를 찾아보기 힘들 정도로 흡사한 진압 관련 보도를 하고 있다'고 비판한다. 더 나아가 언론의 이 같은 태도가 '광주항쟁을 폭도와 불순분자의 난동으로 규정해 결국 항쟁 사실을 은폐하고 왜곡한 결과'를 낳았다고 분석한다.[17] 다음의 인용문은 당시 언론의 보도 태도를 구체적으로 예시한다. 5·18의 성격을 생생한 폭력과 파괴의 현장으로 재현하면서 불온한 광주의 이미지가 연출되고 있다.

······ '**무정부 상태의 광주**'가 있다. 쓰러진 전주, 각목, 벽돌 등으로 쳐진 바리케이드 뒤에는 **총을 든 난동자들**이 서성거리고 있는 것이 멀리서 보였다.[18]

광주는 죽음의 도시, 공포의 도시가 되어 있다. …… 시가지는 공권력이 전혀 미치지 않는 무법지대 …… **군인을 잡아 낫으로 찔러 죽이고 껍질을 벗기는 만행**을 저질렀는가 하면 한국 방송은 못 믿으니 **이북 방송을 들으라 권유**하는 사례 그리고 사상범 등 중범이 가득한 광주교도소를 7차례나 습격하고 그때마다 **어린이, 중학생을 앞장세운** 행태 등은 도저히 데모나 소요의 개념으로 파악할 수 없다는 당국의 설명이다.[19]

이처럼 사실을 깊숙이 숨기고자 했던 언론의 노력은 '일상적인 대중의 삶에 대한 위협과 파괴' '경제 위기'와 '안보 위기'를 가중시켜 종국에는 '민주주의 발전에 역행'하는 '지역'으로 광주를 대상화한 데서 절정에 이른다. 《중앙일보》(1980년 5월 26일)에 실린 기사가 대표적이다. 아래는 〈광주에 공포 불안 계속……〉이라는 제목의 보도 중 일부이다.

▲ 일반 시민들은 완전 치안 공백 상태에서 주, 부식 구입이 곤란하여 라면, 빵으로 끼니를 대신하고 있으며 ▲ 많은 상가의 철시로 인해 **생활필수품을 구입조차 어렵게** 되었고 ▲ 품팔이, 행상 등 하루 벌어 그날그날 생활을 영위하는 극빈자들의 생계 문제는 심각한 실정 …… ▲ 신변의 위협을 느끼는 사람들은 교외로 피신코자 하나 폭도들이 지키고 있고 외곽 도로를 차단코 있어 전전긍긍하며 …… ▲ **치안 공백 상태에서 강도들이 밤마다 약탈 행위를 자행, 양민들을 공포**

에 몰아넣으며 …… 따라서 시민들은 ▲ …… 정부와 계엄군의 신속한 질서 회복을 바라고 있다.[20]

또 다른 기사에서는 '외국 바이어의 이탈 현상을 강조해 수출 전선에 비상을 걸 수밖에 없는 처지를 집중 부각'시켜 경제 위기의 심각성을 강조하는 한편, '안정세를 회복하려던 우리 경제는 이제 파국의 위기에 직면'했다는 진단이 뒤따른다. 5·18이 '정치, 사회적인 안정으로 고도성장을 성취했던 지난 70년대 말까지와는 달리 허리띠를 졸라매며 기다리던 대망의 80년대'의 성장을 방해한다는 것이다.[21]

광주사태 등 불안정한 시국과 관련, 수출이 크게 주는 가운데 외국 바이어들의 상담 감소 현상이 두드러지게 나타나고 있다. …… 최근 국내 사태와 관련 외국 바이어들의 동향을 보면, ① 시어즈 로버크 등 미국의 대형 바이어가 홍콩, 대만을 방문하고도 우리나라 방문을 기피하고 있으며, ② JC 페니 등 미국의 거대한 체인스토어 바이어들이 …… 한국 내의 사회안정을 문의하고 있으며, ③미국의 도드웰 사는 한국이 현재의 불신을 씻으려면 현 사태를 정직하게 설명하고 경제 및 무역 활동에 지장이 없음을 보여주어야 할 것이라고 말하고 있는 실정이다.[22]

게다가 당시 신문은 5·18을 안보 위기의 원인으로도 비난한다. "광주에서의 데모 기사 주변에 간첩들 및 불순분자들의 사건 기사를 배치하는 방식으로 국가안보에 대한 위협을 암시"한 것이다. 대부분 기사에서 광주는 "남파간첩들이 지역 감정을 촉발시키는 등 갖은 유언비어를 퍼뜨리는 등 불순분자들이 북괴의 조종을 받아 시민을 선동해 난동을 부리는 것"으로 묘사된다.[23] 1980년 5월 한국의 모든 신문에서 5·18은 안보, 안정, 발전을 위기에 몰아넣은 불순분자와 폭도들의 난이었다.

　그러나 그 무엇보다 중요한 광주의 혐의는 이 모든 혼란을 일으킨 원인이 바로 사적인 이익 추구였다는 지점이다. 이 사적 욕망은 배후 김대중의 '집권욕'이자 영남의 발전을 질시해온 해묵은 감정으로 국가가 지목한 순간 이미 증명되었다. 그렇게 그날의 광주는 국가를 위기에 빠뜨린 이기적인 자들의 지역이자 공공의 적으로 낙인찍혔다. 공식 담론 영역에서 국가에 의해 완벽한 내부의 적이 된 것이다. 이처럼 국가는 진실을 가리기 위해 반공주의와 지역주의 담론을 이용했고, 극단적인 사적 이익 추구로 국가 위기를 초래했다는 만들어진 정보만을 대중에게 부과했다. 의도적으로 조작된 정보로 대중들의 적대감을 자극한 것이다. 이 같은 국가의 의지는 언론을 비롯한 공식 담론의 장을 독점한 구조적 환경 속에서 상승작용을 일으켰을 것으로 보인다. 이는 이후 담론 영역에서 5·18이 지역화의 범주를 탈피하지 못하는 결정적인 이유가 되었다.

3. 대중은 왜 외면했을까?

학살이나 제노사이드에 있어서 대중의 무관심이나 방조가 나타나는 이유는 무엇일까? 이에 대한 기존 연구자들의 공통적인 해답은 대체로 '집단행동의 딜레마'에 있다. 고전적인 집단행동 이론에 의하면, 높은 비용을 요구하는 참여의 혜택이 그 참여와 전혀 관계가 없는 사람들에게까지 주어지는 경우 대중들이 행동에 돌입할 가능성은 거의 없다.[24] 사실 학살에 대해 '적극적 반대 또는 소극적 의사 표시마저도 박해는 물론 심지어 죽음까지도 각오해야 할 만큼 높은 대가를 요구'한다는 것은 굳이 설명이 필요치 않을 정도로 자명하다. 더구나 학살을 저지함으로써 생겨나는 '직접적인 이익이 학살의 대상이 된 집단이나 잠재적 희생자들에게 귀속'된다는 사실은 대중의 행동을 가로막는 중요한 원인이 될 수 있다.[25] 하지만 정치지도자, 종교지도자를 비롯한 지식인들의 방관은 좀 더 깊이 있는 관점이 필요하다. '엘리트 집단의 무관심이 히틀러에게 특히 도움이 되었다'는 로버트 웨이트의 지적처럼, 이들의 입장 표명은 그 사회가 학살을 대하는 태도에 결정적인 영향을 미치기 때문이다.[26] 한 사회의 엘리트나 '종교지도자, 정치지도자들의 침묵은 그들이 이미 점유한 도덕적·윤리적 권위로 인해 일반인들의 방관보다 더 큰 상징적 의미'가 있다. 더 나아가 그들의 학살에 대한 침묵은 그 자체로 폭력을 용인하는 메시지를 가해자들과 대중에게 전달하는 것이나 다름없다.

그렇다면 5·18 당시 대중이 침묵한 원인을 어떻게 설명할 수 있을까? 그 첫 번째 원인은 익히 알려진 대로 언론 통제로 현실화된 공식 담론 구조의 한계에서 찾아야 할 것으로 보인다. 한 연구에 따르면, 언론은 10·26 직후 발령된 계엄령에 따라 이미 7개월째 검열을 받고 있었다. "신문은 임시로 제출한 대장에 검열관들이 '검열필'이라는 붉은 도장을 찍어주어야만 인쇄"할 수 있을 정도로 극도의 통제를 받는 상태였다. 1980년 5월 16일 서울의 보도검열관실에서 적용한 검열지침에 따르면 '학생들의 행위를 정당화하거나 지지하는 식의 기사'는 모두 '불가'가 원칙이었다. 시위 현장의 구호 중 "부정 축재 환수하라" "김일성은 오판 말라" "반공정신 이상 없다" 등도 지면에 실릴 수 없었으며, 심지어 '시위 현장에 나왔던 일부 학생들은 교통정리까지 했다'는 보도도 불가 판정이 내려졌다. 이로 인해 전국 차원에서 최초 5·18 관련 보도가 있었던 시점은 사태가 이미 극단으로 치달은 1980년 5월 21일이었으며, 그 내용은 계엄사령부의 광주사태 발표문을 '인용'한 것이 전부였다. 사건 현장인 광주 지역 일간지가 관련 기사를 다룬 최초 보도일은 그보다 조금 앞선 1980년 5월 19일이었다. 지역 대표 신문이었던 《전남일보》와 《전남매일신문》은 둘 다 약속한 듯 사회면 톱으로 통금 연장 기사를 실었고, 나머지 지면은 계엄분소장의 '담화문 전문'으로 채웠다.[27] 이는 최초 유혈사태가 벌어진 5월 18일부터 21일 오후까지 공식 정보가 완전히 통제 상태였으며, 이후로는 일명 '유언비어론'에 입각한 왜곡된 정보만을 접하는 상황이었음을 나타낸다. 18일부터 이어진 5일간의 사태 전개를 1면과 사회면 전면에 걸쳐 소개한 1980년 5월 22일 자 《조선일보》의 보도 방향은 "폭도"와 "난동자"에 장악된 광주의 모습이었다.[28] 다음은 1980년 5월 26일 광주 주재 외신들 대다수가 본국에 타전한 문구다.[29]

18일의 평화적 시위에 대한 공수부대의 야수적 만행 규탄. 수많은 사람들이 대검에 찔리고 구타당했다. 여기의 상황은 한국의 타 지역에 알려지지 않고 있음.

당시 언론 장악의 실태는 정국의 열쇠를 쥐고 있던 전두환 중앙정보부장서리의 경고에서 단적으로 드러난다.

현지 기자들의 사태 보도 허용하겠다. 최근의 언론 내부 실태 잘 알고 있다. 누가 어떻게 노는지 알고 있다. 군은 결심한 이상 물러설 수 없다. 언론 간부, 경영인도 동조 내지 묵인하는 행동을 한다면 일찍이 보지 못했던 조치를 취할 각오가 돼 있다.[30]

이 같은 언론 환경은 5·18 당시 대중의 침묵 원인을 분석하는 데 있어 두 가지 의미를 지닌다. 하나는 철저한 언론 통제로 인해 사실의 인지 자체가 불가능한 조건이었다는 것이다. 이러한 사실에 대한 접근 봉쇄는 대중이 방관이냐 행동이냐를 자발적으로 결정할 기회 자체가 사전에 막혀 있었다는 것을 뜻한다. 이 때문에 항쟁 당시와 그 직후 5·18을 겪은 피해자들과 목격자들은 사실 인지의 공백을 메우기 위한 노력에 집중한다. 1980년 5월 21일경 광주를 빠져나간 김현장의 〈전두환의 광주살육작전〉이라는 유인물이 대표적이다. 이외에도 충청도 청주의 김창규 목사, 대구의 김진태, 강원도 춘천의 안재성, 이동섭, 박진숙, 부산의 신종권, 임기윤, 인천의 이교정 등 이른바 '진실 알리기'는 전국에 걸쳐 진행된 것으로 알려졌다.[31]

다른 하나는 정보 공백 이후 다음 단계로 선택된 국가의 '부인 전략'이 대중의 행동에 미치는 영향과 연관된다. 앞서 살펴본 바와 같이 5·18에 대한 최초의 국가 담론은 '반공주의와 지역감정론, 국가 위기를 불러일으킨 사적 이익 추구의 극단'이라는 일그러진 상징화였다. 이러한 상징화는 그로부터 8년이 지나 '민주화운동의 일환'으로 재규정되기 전까지 유일한 국가 공식 담론으로 굳어졌다. 대중은 '광주에서 있었던 일이 불순분자와 고정간첩, 남파간첩의 소행이며, 그러니 발포를 비롯한 살상 행위는 정당하다'는 거대 국가 담론의 틀 속에 갇혀 있었다. 이러한 공식 담론의 통제가 견고하게 유지될 수 있었던 주요 진원지가 바로 언론이었다. 한 예로 항쟁이 무력 진압으로 일단락된 1980년 5월 27일 《경향신문》은 1면 전체를 할애해 〈계엄군의 광주 장악〉이라는 표제어로 5·18 관련 기사를 실었다. 이 기사의 하단엔 〈사회 혼란 야기 노린 유언비어 강력 단속〉이라는 제목으로 치안본부장의 지시 사항이 배치됐다. 그 내용은 "27일 광주사태와 현재 시국에 편승해서 지역감정을 유발하여 국론 분열과 사회 혼란을 야기하려는 불순분자가 각종 유언비어를 유포하는 행위를 강력 단속"한다는 것이었다. 다른 언론 역시 제호를 가리면 어느 신문인지 구별이 쉽지 않을 정도로 똑같은 편집 방향을 보였다. 소위 사회지도층 인사의 발언마저도 유언비어로 치부되는 국가의 문법 속에서 대중은 '폭도'이거나 심지어 '간첩'으로 지목된 사람들의 비공식적 정보에 기대 자신의 행동 여부를 결정해야만 하는 조건이었다. 5·18 직후 광주를 탈출한 수습위원 김상용 신부와 서울 택시 기사와의 만남은 당시 대중이 사태를 어떻게 인식하고 있었는지를 보여준다.

> "기사하고 광주 문제 '아, 그 폭도 그놈들 어쩌고' 하니까, '당신이 뭘 알아서 폭도라고 해? 우리가 지금 막 광주 갔다 오는 길인데, 아, 군인들이 이 나쁜 놈들이 막 총칼로 쏴 죽이고 …….'"[32]

더불어 사태의 원인으로 지목된 지역감정이 가져온 심리적 '분리 효과' 역시 주목할 필요가 있다. 국가가 정한 틀에 따라 사회 혼란을 조장한 것으로 지목된 지역 이기주의자들에 대한 타자화는 어쩌면 합리적 선택일 것이기 때문이다. 그런 점에서 1987년 5월경부터 가톨릭교회를 통해 관련 사진과 영상물을 접한 타 지역 대중의 5·18과 광주에 대한 인식 변화는 시사하는 바가 크다.

> "아침에 센터에서 사진전을 했는데 열자마자 그 자갈치 시장에 있는 아주머니들이 다 와서 …… 어떤 사람들은 통곡을

하더라구요. …… 그게 부산 사람들이 아, 광주사태가 이게 정말 폭도들에 의한, 간첩에 의한 것이 아니라는 것을 알게 된 (것이죠)."(괄호 면담자)[33]

인용문의 구술자인 부산교구 박창신 신부에 따르면, 이 지역 대중들은 1987년 사진으로나마 5·18을 대면하기 전까지 '폭도'나 '간첩'이 난동을 부린 '광주사태'로 기억했음을 알 수 있다. 도로와 같은 물리적인 통로뿐 아니라 '말' 역시도 철저한 봉쇄에 막혔고, 이러한 고립된 담론 환경이 대중의 인식을 지배했던 것이다.

5·18 당시 대중이 침묵한 두 번째 원인은 사회심리학적 관점에서 보고되는 집단 잔학 행위에 대한 부인이나 불신을 들 수 있다. 엄밀하게 말해, 광주의 실상을 알 수 있었던 비공식적 통로는 사건이 발발한 시점과 군부의 일방적 승리로 마무리된 직후에도 미약하게나마 열려 있었다. 통신수단이 완전히 끊기기 전, 그리고 외부로 탈출을 시도한 몇몇 잠재적 희생자들의 많지 않은 말과 글을 통해서였지만 말이다. 그러나 그 내용은 진실로 믿을 수 없는 것들이 대부분이었다. "어린이들을 어떻게 해서 무엇을 쏴서 죽였다. …… 임신한 여자들 배를 갈랐다" 등의 말과 글을 접한 대중의 반응은 "에이, 어떻게 그럴 수 있나?" "자네, 봤어?" 등이었다.[34] 심지어 앞서 인용한 가톨릭교회의 5·18 관련 사진을 처음 본 일부 지역 대중들은 관련 사진이 조작되었다는 의심과 확신을 숨기지 않았다.[35] 이처럼 제한되고 왜곡된 정보의 틈바구니에서 들려오는 믿기

어려운 진실에 맞닥뜨린 대중의 선택은 대부분 '거부'나 '불신'이다. 이러한 심리 현상을 방어적 부인defensive denial이라 한다. 이에 대해 그로스먼은 '잔학 행위에 따른 공포감은 멀찌감치 떨어져서 사태를 관망하는 사람들이 이런 일이 실제로 일어났다는 사실을 믿지 못하게 할 뿐만 아니라 그 충격의 강도가 셀수록 믿고 싶지 않다는 반응이 더 커진다'고 설명한다.[36]

  마지막으로 5·18 당시 대중이 침묵한 원인 중 빼놓을 수 없는 것이 바로 지식인의 방조와 협력이다. 익히 알려져 있듯이 이 시기는 학생운동 진영은 물론 종교계, 언론계, 학계, 제도 정치권 모두의 계엄 해제와 민주화 요구가 거셌지만, 이에 대한 권력 블록의 대응은 비상계엄 확대 조치를 통한 무력 제압으로 나타났다. 따라서 '다단계 쿠데타의 완성을 위해 결절점으로 치닫고 있던 마지막 힘의 대결을 상징적으로 보여주는 사건'이 5·18이었다고 할 수 있다.[37] 뒤집어 보면 이 시점은 힘의 역관계 면에서 구조적인 한계가 분명한 상황이었지만, 오히려 그 때문에 구심점을 잃어버린 개별적 도피에서 이어진 침묵 대신 참여를 호소할 수 있는 마지막 기회이기도 했다. 그러나 대다수 지식층의 선택은 비록 그것이 강요된 측면을 무시할 수 없다 하더라도 결국 방관이거나 도피였고, 때로는 적극적인 비호이기도 했다. 그 이유는 1980년 3월부터 진행된 전두환 대통령 만들기 프로젝트, 즉 K-공작계획[38]에 따라 가해진 언론인들에 대한 회유와 압박, 죽음을 각오해야 하는 높은 참여 비용의 문제,[39] 또는 그들 스스로 권위주의 세력의 지배 유지에 협력해온 태생적 한계 등 여러 요소가 결합되었을지 모른다. 하지만 이 모든 제약에도 불구하고 이들의 침묵과 동조는 그들이 이 사회에서 점하고 있는 도덕적·물리적 혜택, 그리고 그로 인한 권위를 배반하는 것이었으며, 결과적으로 가해자들의 행위를 용인하는 결과를 낳았다. 다음의 인용문은 그해 5월의 학살을 안정 이데올로기로 공인한 시인 신달자의 호소문 중 일부이다.

> 5월을 보내는 마음이 전례 없이 답답하고 침울하다. …… 우리가 **불의를 보고 분노하는 것은 안정과 평화를 지키자 함**이요, 의는 그것을 얻기 위한 마지막 보루로 믿어왔던 것이다. …… **지금 어디에 책임을 물을 것인가. 그 원인을 따질 것인가.** 우선 더 이상의 희생을 금기하는 호소만이 온 국민의 위안이 될 뿐임을 자승할 따름이나, 공중公衆의 절원切願이 오늘의 위해를 벗어나는 데 그 뜻이 뭉쳐지고 있다. **정부가 말하는 최대의 관용이 최대의 수습 방법이 되어지게** 더욱 넓은 의미와 행동이 따라야 하고 일단 난국을 극복하는 하나의 문제에 국민도 이에 호응하여 문제 해결의 핵심이 좁혀져야 할 것이다.[40]

이러한 지식인들의 태도는 1987년 대선 직후 5·18의 공식 승인을 위한 첫 제도화의 단추였던 민주화합추진위원회에서도 여과 없이 드러난다. 지식인들의 방관이나 협조에 대한 어떠한 사회적 평가나 반성도 없었던 우리 지식 사회의 현주소를 잘 보여주는 사례라 할 수 있다.[41]

결론적으로 광주사태는 역사적 맥락에서 민주화운동의 일환으로 파악하되 폭도란 말은 없애야 하지만 의거란 표현은 생각해볼 문제다.[42]

이희성 계엄사령관으로선 발포 명령이 부득이했다고 본다. 진압 태도가 지나쳤다는 대목을 따지자면 대대장 또는 중대장 선인데 그들에게 사과하라고 할 수 있겠나. 법적으로 책임질 만한 사람이 없다고 본다.[43]

이 같은 연속성은 5·18 이후 수년이 지난 후까지도 학살을 적극적으로 정당화했던 학자들, 문인들, 언론인들의 역할과 무관하지 않다. 그들은 신군부와 제5공화국을 "10·26 이후 걷잡을 수 없는 혼란이 극에 달하여 조국의 운명이 누란의 위기에 처해 있을 때 강력한 구국의 의지와 결단으로 혼란을 극복"한 것이라 칭송했다.[44] 그런 의미에서 나치 점령기 비시 정권에 협력한 부역 문인들의 처리를 놓고 프랑스 지식 사회에서 쟁점이 된 '윤리적 책임' 문제는 되짚어볼 만한 중요한 선례이다. 사회나 국가가 위기에 처했을 때 지식인이 지녀야 할 태도를 정면으로 다루고 있기 때문이다. 당시 대두됐던 '윤리적 책임'의 근본 개념은 "작가, 혹은 사상을 다루는 지식인은 창작의 순간에조차 자신이 쓴 저작에 대하여 책임의식을 느껴야 하며, 체제와 사회가 변하더라도 미래에까지 자신이 쓴 문장에 대해서는 추호도 거리낌이 없어야 한다"는 것이다. 이 같은 견지의 지식인 책임론은 별도의 근거를 지닌 법적 조치와는 별개로 전국작가위원회의 주도 속에서 진행된 청산 작업의 근거가 된다. 프랑스의 사례는 추후 시행 방식과 절차, 강도 면에서 많은 논란을 낳았음에도 적어도 사회로부터 주어진 혜택과 권위에 걸맞은 지식인의 의무가 어디까지인지 다시 한번 반추하게 하는 의미가 있다.[45] 지식인의 '윤리적 책무'를 되묻는 사회적 반성의 필요 자체가 생략된 우리와는 대조적인 풍토이다.

4. 반인권 범죄를 어떻게 대할 것인가?

이 장에서는 항쟁으로서의 5·18을 부정하기 위한 국가 공식 담론이 대중의 인식과 행위의 결정에 어떤 작용을 했는지 살펴보았다. 그 결과 국가는 5·18을 안보, 안정, 발전을 저해하는 불순분자와 폭도들의 난으로 규정했으며, 광주와 호남은 공적 안전과 대비되는 개념인 '사적 이해의 추동으로 국가를 혼란에 빠뜨린 지역'으로 대상화된 것을 확인할 수 있었다. 정부의 선전과 조작된 정보의 목표는 5·18과 호남에 대한 대중들의 적대감을 자극하는 것이었으며, 그 구체적인 방법론은 담화를 통한 직접적인 선전과 언론 통제를 이용한 부인 전략이었다. 이에 따라 5·18 당시 대중의 침묵은 언론 통제로 결박된 공식 담론 구조의 한계, 사회심리학적 관점에서 보고되는 집단 잔학 행위에 대한 부인이나 불신, 일부 지식인의 방조와 적극적인 협조가 복합적으로 결부돼 나타난 현상으로 분석됐다. 결과적으로 그해 5월 국가의 담론 전략은 이후 5·18을 지역화의 범주에 가둔 기원이 되었다.

그렇다면 오늘은 어떨까? 그로부터 43년이 지난 오늘, 불온한 도시로 상징화된 광주의 혐의는 지워졌을까? 이에 대한 공식적인 정답은 아마도 '그렇다'일 것이다. 1987년 이후 민주주의 이행과 공고화 과정을 거치며 5·18은 '민주화운동'이라는 공인 명칭을 부여받아 국가기념일로 지정되었으니 말이다. 또 시 외곽 망월동에 버려졌던 무덤들은 국립묘지로 승격되었으며, 그날의 폭도들은 대한민국 민주주의 발전에 기여한 공로를 인정받아 국가유공자로 지정되었다. 하지만 시선을 돌려보면 전혀 다른 답이 기다리고 있다. 우리가 공론장으로 일컫는 사적 영역과 공적 영역을 넘나드는 담론의 장에서 항쟁이 아닌 민주화운동으로나마 복권된 5·18을 끊임없이 폄하하고 왜곡하는 집단과 개인의 존재 때문이다.

흔히 5·18 왜곡 현상이라 분류되는 이 같은 흐름은 민주화 이행기를 거치며 가시화됐다. 5·18특별법이 마련되고, 가해자들에 대한 법적 단죄 문제가 사회적 쟁점으로 부상한 시점과 궤를 같이하는 것이다. 아이러니하게도 시민사회 내 보수 분파로 자리 잡은 이들의 반인권 범죄에 대한 부인은 민주화 이후 5·18에 대한 국가의 태도가 전향적으로 변화하면서 훨씬 더 강력하게 진화한다. 가해자들의 부정을 밑거름으로 반인권 범죄를 옹호하는 지지자supporters 그룹의 부인 담론이 정치사회와 언론 등 공공 영역에서 공공연하게 활보하기 시작한 것이다.[46]

이 중 과거사 청산 움직임이 활발했던 노무현 정부 시기와 보수 정권으로 교체된 2007년 대선 기간은 주목할 만하다.[47] 특히 이 시기는 '뉴라이트'라는 신조어가 등장한 시점과도 맞물린다. 이들은 민주화 이행기부터 공적 담론 영역에서 뜨거운 논란의 소재였던 박정희를 산업화의 초석을 다진 국가지도자로 부각하는 담론 질서의 재편 작업을 주도했다. 2004년 가을부터 《조선일보》, 《중앙일보》, 《동아일보》를 필두로 일제히 진행된 박정희 재평가 움직임이 공과를 되짚어야 한다는 주장에서 급기야 '영웅 만들기'로 이어진 것이다. 때를 같이해 2004년 11월 자유주의시민연대 출범 이후 각종 보수우파 단체들과 교과서포럼, 뉴라이트재단 등이 우후죽순 설립되었다. 보수언론, 재계, 종교계, 보수 학계를 총체적으로 포괄하는 뉴라이트 우파가 시민사회 전면에 등장한 것이다. 이들이 의도했던 공적 영역에서의 담론 질서 재편 작업은 결국 시민사회에서 보수 이데올로기로 포장된 역사 되돌리기가 무리 없이 자리 잡는 결과를 가져왔다. 이후 재집권에 성공한 보수 정권 기간 동안, 2008년 금성출판사 한국사 교과서 파동으로 역사전쟁을 선포한 뉴라이트 세력과 지만원을 비롯한 극우 논객들의 5·18 부인 담론을 체계화한 출판물들이 다수 출간되었다. 이들의 부인 담론은 한 걸음 더 나아가 종합편성 채널, 인터넷 포털사이트와 유튜브 등 매체의 다양화라는 또 다른 담론의 장place의 출현으로 급속히 확산되었다. 심지어 최근에는 정치사회의 주요 부문인 국회에서 가해자들을 비호하는 지지자 그룹의 대표적 일원인 지만원이 앞서 분석한 부인

오월의 정치사회학

담론을 공개적으로 전파하는 사건도 벌어졌다. 2019년 '5·18 진상규명 대국민 공청회'라는 명목이었다.

그러나 정작 중요한 문제는 과거 국가권력의 반인권 행위에 대한 이 같은 '부정'이 우리 사회에서 단순히 일탈적 개인의 회피 수단에 불과한 것으로 취급될 때 발생할 수 있는 위험이다.[48] 이에 대해 1996년 제노사이드의 발생과 그 징후를 예측할 수 있는 10가지 단계를 공식화한 제노사이드 연구자 그레고리 스탠턴의 경고는 눈여겨봄 직하다. 그는 부인이 학살의 마지막 단계, 혹은 그 이후 반드시 출현하는 일반적 현상이자 사건의 재현을 예측할 수 있는 가장 선명한 지표 중 하나라고 밝힌다.[49] 무엇보다 부인 담론을 유포하는 이들의 목표는 단지 '역사적 사실에 대한 인정, 부정, 거짓을 혼합해 학살의 사실적 기반을 의도적으로 약화'시키는 것에 머무르지 않는다. 그들이 궁극적으로 추구하는 바는 '피해자나 표적 집단의 정체성을 무너뜨리고 사회 구성원들의 학살에 대한 시각을 통제'하는 데 있다.[50] 그런 의미에서 반인권 행위에 대한 부인과 이에 대한 지지는 '새로운 잔학 행위로 이어질 수 있는 담론과 행위의 발견을 감지하는 사회의 능력을 약화'시키는 역기능을 수행한다.[51] 따라서 가해자의 부인뿐만 아니라 이를 지지하는 권위 있는 개인과 세력에 대한 방치는 또 하나의 반인권 행위에 대한 방관이라는 의미가 있다. 다시 말해 부인은 '희생자들을 위해 힘겨운 과정을 거쳐 겨우 얻은 정의를 훼손'하는 데 몰입하는 단순한 역사 왜곡이 아니다. 그것은 과거가 아닌 현재, 바로 이 시점에서 '사람들 사이의 불화와 불신을 조장하고, 사회와 국가 내외부의 갈등을 심화'시킨다는 점에서 주목해야 할 보편적 정치 현상이다.[52]

　　나아가 부인에 대한 한 사회의 대응은 동종 범죄의 재발을 방지하고 인권의 관점에서 새로운 정치문화를 정립하는 일종의 출발선이라는 의미가 있다. 이것이 반인권 범죄에 대한 부인이 민주주의 사회에서 반드시 주목해야 할 정치 현상인 또 다른 이유이다. 이 때문에 반인권 범죄에 대한 부인의 해악을 경계하는 학자들은 이들에 대한 강력한 법적 제재를 주문한다.[53] 2021년 1월 5일 개정 공포된 '5·18민주화운동 등에 관한 특별법'은 이러한 입장이 우리 사회에 투영된 최초의 사례라 할 수 있다, 이 법률의 신설 조항 제1조 2항은 5·18민주화운동을 '반인도적 범죄에 대항하여 시민들이 전개한 민주화운동'이라는 정의를 삽입해 인권의 관점을 반영했다. 동시에 추가된 제8조는 "5·18민주화운동에 대한 허위의 사실을 유포한 자는 5년 이하의 징역 또는 5000만 원 이하의 벌금에 처한다"는 처벌 조항을 명시함으로써 부인의 사회적 폐해를 저지하는 규준을 마련했다. 반면 부인에 대한 법적 처벌의 실효성과 표현의 자유의 위축을 경계하는 학자들은 철저한 연구에 기반을 둔 논증이나 캠페인, 공개적인 비난과 같은 수단을 더 선호하기도 한다.[54] 개정 '5·18민주화운동 등에 관한 특별법'의 신설 조항 역시 처벌 대상이 되는 지지자들뿐만 아니라 같은 관점에서 우려를 표명하는 학계, 언론계의 반대로 논란의 소재가 됐다. 제8조 2항 "제1항의 행위가 예술·학문, 연구·학설, 시사 사건이나 역사의 진행 과정에 관한 보도를 위한 것이거나 그 밖에 이와 유사한 목적을 위한 경우에는 처벌하지 아니한다"는 문구의 삽입은 이 같은 비판을 수용한 결과이다. 하지만 앞서 밝힌 해석적 부인의 특성에 주목해 "가해자들이 아닌 지지자들, 때로는 인권의 기준을 옹호하는 선의의 사람들에 의해 유포되는 해석적 부인이 가장 넓게 퍼진 부인의 행태이자 피해자들에 대한 옹호에 심각한 해를 끼치기에 특히 위험하다"는 경고 역시 되새겨볼 여지가 있다.[55] 반인권 범죄에 대한 부인이 우리 사회의 정치문화에 미치는 해악을 경계하는 동시에 민주주의의 최소한의 보루인 '표현의 자유'를 보호하는 경계선을 어디에 둘 것인지 심도 있는 학문적·실질적 논의가 뒤따라야 할 것으로 보인다.

따라서 최근 지지자들의 부인 담론의 유포에 대응해 인권과 민주주의의 가치를 심화시키는 우리 사회의 역량은 현재 일종의 시험대에 올라서 있는 상황이라 볼 수 있다. 더불어 이행기 정의의 궁극적 목적인 실질적 화해에 대한 구체적 접근 역시 고려되어야 할 것으로 보인다. 관련 학자들이 이미 지적한 바와 같이 반인권 범죄의 재현을 막기 위해 반드시 뒤따라야 하는 현실적 조치가 바로 화해를 위한 전략의 개발과 실행이기 때문이다. 그 과정을 통해 새삼스럽지만 지난 세월 지체된 정의는 그날의 구호가 아닌 이 시대의 문법인 토론과 숙의, 그리고 민주주의적 가치에 기반을 둔 사회적 실천과 함께 지금 우리가 선 자리에서 복원될 것이다.

3장

학살 그 후, 진실은 어떻게 가려졌는가?

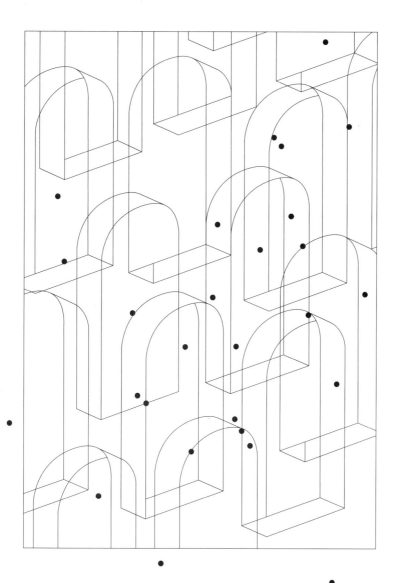

1. 국가의 공식 역사 만들기:
학살을 정당화하기 또는 망각하기

앞서 우리는 그날의 학살에 대한 국가의 전략적 부인이 광주 지역에 대한 물리적 봉쇄와 쌍을 이루는 이데올로기적인 고립에 그 목표를 두고 있음을 확인했다. 그와 함께 민주주의 이행과 공고화 시기를 지나오며 가해자들과 지지자들의 조직적인 왜곡과 폄하가 더욱 거세진 현실을 되짚었다. 반인권 행위에 대한 부정이 우리의 민주주의를 잠식한다는 정치적, 사회적 경고음에 귀를 기울인다면, 이제 그 뿌리를 좀 더 꼼꼼하게 뜯어볼 차례다. 이에 대한 천착은 그날 이후 국가의 기억을 추적하는 데서 시작된다. 왜냐하면 민주화 이후 시민사회와 정치사회의 일부분에서 끊임없이 돌출해온 지지자들의 부인은 기실 한 사회의 권력이 응집적으로 작동하는 국가의 비호, 또는 국가 스스로의 '부인의 추억' 속에 묻혀 있을 것이기 때문이다.

이는 또한 근대 민족국가의 출현 이후 발현된 국가의 속성과 연관된 문제이기도 하다. 주지하듯이 근대국가는 국민 또는 민족이라는 단일한 정체성을 유지하고 통합하는 기능을 수행한다. 이 때문에 일반적으로 어떤 역사적 사건이나 민족의 기원과 같은 공식 기억[1] 만들기의 행위 주체는 주로 국가나 미디어가 된다. 가까운 예로 우리 역사에서 꽤 오랫동안 공식적인 공인을 받아온 단일민족 신화를 들 수 있다. 모두가 알다시피 '한민족'이라는 관념이 우리의 정체성이 되는 과정을 주도한 주체는 바로 국가였다. 오랜 기간 국가 정체성의 핵심적 자원이었던 단일민족은 민족의 탄생과 보존, 그리고 영속성을 강조하고 공유해온 주요한 담론적 장치였다. 이 같은 국가 주도 공식 기억의 재구성 양태는 이미 많은 학자들의 연구로 증명됐다. 그리스, 알바니아, 불가리아, 마케도니아공화국의 국가 정체성과 집합 기억의 연관을 추적한 빅터 루도메토프는 이 나라들이 인종과 종교적 차이에도 불구하고 이들 모두는 스스로 마케도니아가 자신들의 기원이라고 주장하는 공식 기억을 공유하고 있음을 발견했다.[2]

　　또 배리 슈워츠는 미국에서 링컨의 남북전쟁 영웅 이미지는 제2차 세계대전 당시 전쟁 참여의 정당화를 위해 만들어진 것이며, 이 같은 상징 조작은 국가의 필요에 따라 재생되기도 하고 그렇지 않기도 했으며, 그 효과도 달랐음을 밝혔다.[3] 국내에서는 송준서가 스탈린 정부의 전쟁 기억 통제를 연구 주제로 삼아 소련 내 유대인의 홀로코스트에 대한 공식 기억이 국내외적 정치 상황의 변동과 정권의 이해에 따라 변화

<표 2> 1980년 전후 제3세계 민주주의 발전 정도

연도 국가	1978	1980	1982
베네수엘라	1.5	1.5	1.5
인도	2	2	2.5
콜롬비아	2.5	2.5	2.5
터키	2.5	2.5	5
필리핀	5	5	4.5
파키스탄	5	5.5	6
칠레	5	5.5	5.5
한국	5	4.5	5

• 출처: Raymond D. Gastil, *Freedom in the World: Political Rights and Civil Liberties*, Freedom House, 1978; 1980; 1982.
• 주: 프리덤하우스에서 발표한 정치적 권리와 시민적 자유에 대한 지표값을 합산한 평균값으로 민주주의 수준이 가장 높은 나라는 1, 가장 낮은 나라는 7에 해당한다.

했음을 분석했다. 이에 따르면, 제2차 세계대전 초기 스탈린은 소련 내 독일 점령지에서 학살당한 유대인 홀로코스트를 적극 부각하다가 전쟁 중반 이후 침묵하는 경향을 보였다. 한편 전후 등장한 반유대주의 성향의 소련 국가 지도부는 노골적인 망각의 정치를 통해 소비에트적 국가 정체성 확립이라는 이데올로기적 요청에 복무했다.[4]

이 같은 기존 연구 결과는 국민국가의 정체성 유지와 통합을 주요 목표로 삼는 근대국가의 특성에 주안점을 둘 때 국가의 공식 기억 연구에 두 가지 시사점을 제공한다. 첫째, 전쟁이나 쿠데타 같은 국가 위기 시에 공식 기억의 상징 조작과 호명이 두드러진다. 둘째, 전체주의나 권위주의 국가 같은 억압적 정치체제가 노골적·전면적으로 공식 기억의 체계적 조작을 꾀한다.

5·18은 양자의 조건을 모두 갖춘 상태에서 발생한 사건이었다. 우선 5·18 당시와 그 직후는 국가가 주도하는 공식 기억의 주조가 적극적으로 요청되는 환경이었다. 5·18이 쿠데타라는 정치적 위기에서 발생한 학살 사건[5]이기 때문이다. 주지하듯이 쿠데타와 학살이라는 이중적 제약은 심각한 정당성의 위기를 노정한다. 이는 필연적으로 사건의 성격을 노골적으로 정당화하는 요건으로 이어지며, 학살이 벌어지는 동안은 물론 그 직후에 국가의 부인 전략의 필요성은 극대화된다. 이에 대해 허버트 허시는 "제노사이드나 여타 잔학 행위를 저지르는 지도자나 지배 집단은 기억을 신화나 증오와 같은 이미지를 이용해 조작"하는데, 이러한 정당화는 주로 "인종을 정화하는 것, 민주주의를 구하는 것, 자기방어 같은 보다 높고 위대한 선, 혹은 다른 어떤 숭고한 이데올로기에 호소하면서 공식화"된다고 밝힌 바 있다.[6] 이는 앞서 살펴본 바와 같이 공식 역사를 독점하는 근대국가의 고유한 특성에 힘입어 세계 여러 나라의 역사에서 보편적으로 관찰되는 현상이기도 하다. 또한 5·18 당시와 그 이후 국가의 억압성 정도는 국가가 체계적 망각의 정치를 더 전면적으로 시행했을 가능성을 시사한다. 1980년 전후 한국은 필리핀, 파키스탄, 칠레에 비견될 정도로 고도로 억압적 정치체제였기 때문이다.

이러한 억압적 정치체제는 사건 종결 이후 계속되었다. 그뿐만 아니라 그날의 학살을 주도했던 최고지도자와 고위간부들은 그로부터 7년여 동안 통치의 정점에 있었다. 이 같은 조건이 지닌 효과는 사회적 기억의 형성 과정에서 국가의 역할을 떠올리면 더 선명해진다. 보통 전체주의나 권위주의 국가는 그 체제에 내재한 본질적 속성상 대항 기억 자체의 권력 자원이 약하고 분산되어 있다. 따라서 어떤 정치적 사건이나 역사적 사실에 대한 기억 독점의 강도가 여타 민주주의 국가보다 훨씬 높다. 더 근본적으로 굳이 정치체제의 억압성 정도까지 따지지 않더라도 학살과 같이 대면하기 껄끄러운 사안의 경우 국가들 대부분이 외면하는 경향이 있다는 보고 역시 그리 새로운 논점이 아니다. 의도적이건 그렇지 않건 국가는 학살을 망각하는 쪽을 택한다는 설명이다. 이상의 논의를 토대로 우리는 국가의 이름으로 호명된 폭동의 기억이 5·18에 대한 공식 역사로 자리 잡았을 것이라는 추론을 할 수 있다. 이제 그 7년의 공식 역사 쓰기로 되돌아가 국가가 선택한 기억의 형상을 구체적으로 살펴보자.

2. 방해하는 모든 것은 제거되어야 한다
: 전체주의의 지배 원리

5·18 이후 신군부는 "광주에서 거둔 승리를 바탕으로 사회 전반에 걸쳐 반대 세력을 제거하고 유신헌법에 따라 쿠데타를 완성"한다. 이후 이들이 주도한 권위주의 정권의 다음 행보는 소위 '총체적 지배'의 구조적 기반이라 할 수 있는 전체주의

적 지배양식의 전형을 보여준다. 한 사회를 이데올로기적으로 단일한 유기체로 파악하고 이에 방해가 되는 모든 요소를 철저히 배제하는 전체주의적 지배양식이 법적·제도적 측면은 물론 이데올로기적 담론 차원에서도 나타난 것이다. 이러한 '총체적 지배'는 '다단계 쿠데타multi-stage coup[7]를 마무리하는 5단계(1980.5.27.~1980.8.27.)'의 사전 정지 작업과 1983년 자유화 조치[8] 이전의 정책 방향을 통해 확인할 수 있다. 그 첫 단추는 1980년 5월 31일 국가보위비상대책위원회(이하 국보위)의 발족이었다.[9] 사실상 국가의 제도적 통치 기능을 정지시키고 행정 각 부를 통제하는 권력기구로 운영되었던 국보위상임위원회(위원장 전두환)는 정치, 언론, 공직 사회, 노동계 등 각 부문에 대한 대대적인 숙정을 감행한다. 동시에 삼청교육대로 명명된 강제수용소를 설치해 운용하는 것으로 전체주의적 지배의 기반을 닦는다.

그중에서도 국보위 상임위원회의 '삼청 5호 계획'에 따라 설치된 삼청교육대는 전체주의 국가의 전형적 통제 장치 중 하나인 '수용소 정치'의 '법적 인격 살해'를 연상케 한다. 실제로 1980년 8월 4일 국보위 상임위원회의 '사회악 일소 특별조치'에 따라 발표된 계엄령 포고 13호는 "사회 저변에서 국민 생활을 괴롭혀온 폭력, 사기, 밀수, 마약 사범 등 각종 사회적 독소를 뿌리 뽑기 위해" 전국적으로 불량배를 소탕한다고 명시하고 있다. 이 발표 후 같은 해 11월 27일까지 네 번에 걸친 '불량배' 단속으로 총 6만 775명에 이르는 사람들이 영장 없이 체포돼 불법구금, 가혹 행위를 당했다.[10] 민주화 이행기

오월의 정치사회학

인 1988년 12월 20일 치안본부가 국회에 제출한 자료는 이들 '불량배'의 실태를 잘 보여준다. "고등학생 980명, 대학생 429명 등의 미성년자, 교수 포함 교원 13명, 공무원 32명, 언론인 36명, 의사 7명, 약사 3명, 축산업자 55명, 기업체 사장 등 사업가 3329명"이 이른바 국보위상임위원회가 지목한 '불령선인'이었다. 이 밖에 '소아마비 환자 등 지체 부자유자, 노약자, 부녀자, 폐병 환자'들도 불량배가 되어야만 했다. 시민들은 '머리카락이 길거나 문신이 있어서, 혹은 인상이 고약해서 끌려갔고, 일부는 부부싸움을 하다가, 유원지에서 다른 사람과 시비를 벌이다가, 공원에서 이성과 포옹을 하다가, 제때 노임을 주지 못하거나 계를 했다는 이유'로 잡혀갔다. 이들 중에는 "신군부에 협조하지 않거나 걸림돌이라고 판단되는 정치인과 노동운동가, 민주인사들"도 상당수 섞여 있었다.[11] 이에 대해 전체주의의 기원을 추적한 한나 아렌트는 다음과 같이 밝힌다.

총체적 지배로 가는 …… 다른 방법은 강제수용소를 정상적인 형벌체계의 외부에 두고, 특정 범죄에 대해 예측 가능한 처벌이 이뤄지는 정상적인 법적 절차 밖에서 피수용자를 선발하는 것이었다. …… 수용소에 범죄자들이 섞인 것은 이 제도가 반사회적인 인자들을 위해 존재한다는 (전체주의) 운동의 선전에 설득력을 부여하기 위한 것이었다. 이러한 정책은 '이런 일은 범죄자에게나 일어나는 것이고, 너는 마땅히 범죄자에게나 일어나는 일은 당하지 않을 것'이라는 메시지

를 나타냄으로써 '효과적인 위장 수단'의 역할을 했다.[12]

'독일과 러시아의 강제수용소 역시 정치범과 범죄자의 혼합으로 출발'했으며, 그렇게 분류된 '제3집단'이 독일은 유대인, 스탈린의 소비에트는 그저 당국의 눈밖에 난 사람들이었다. "범죄자들의 경우 적어도 왜 자신들이 수용소에 있는지를 알았다는 점에서 법적 인격의 자취를 지니고 있었지만, 정치범의 경우는 단지 주관적인 기준"에 의한 것이었다. 그런 의미에서 "피수용자를 각각의 범주로 분류하는 것이 단지 체계적이고 전략적인 조치라면, 희생자의 자의적 선발은 (전체주의) 제도의 본질적인 원칙"을 나타낸다.[13]

삼청교육대 역시 마찬가지였다. 길거리나 집 안에서 혹은 일터에서 난데없이 연행된 사람들의 운명은 군, 검찰, 경찰, 지역정화위원 등으로 이뤄진 6~7명의 심사위원회가 분류한 등급에 따라 결정됐다. 최고 등급인 A급은 군사재판에 회부되거나 검찰에 송치되었고, B급은 군부대에서 일명 순화교육을 받은 후 재심사를 받아야 했다. C급은 폭력 사실이 가볍거나 우발적인 범죄자, B급 해당자 중 정상이 참작된 사람들로 역시 순화교육을 받은 후 바로 사회에 복귀할 수 있는 대상이었다. 마지막 D급은 서약 후 훈방되었다.[14]

이처럼 한국판 전체주의 시스템의 원형을 보여준 삼청교육대 사건에 대해 민주화 이후 의문사진상규명위원회는 최종적으로 다음과 같이 보고하고 있다. 2003년 3월 현재 "이른바 '불량배'로 지목된 시민 6만여 명 중 3252명이 군사재판에 회부되었고, 3만 9786명이 전국의 25개 군부대에서 강제 순화 교육을 받았다. 이 순화교육으로 인해 죽음에 이른 숫자는 밝혀진 것만 397명이며, 정신질환 등 심각한 후유증을 앓은 피해자는 2768명"이다. 또 강제수용이 끝난 후에도 "재판 없이 보호감호 처분을 받은 사람이 7578명"에 달한다.

이처럼 숙정과 수용소 정치로 전체주의 지배의 기반을 닦은 군부의 다음 행보는 '배제'를 합법화하는 법·제도의 정비로 나타났다. 그 첫 번째 대상은 헌법이었다. 1980년 8월 27일 통일주체국민회의를 통해 대통령에 추대된 전두환은 그해 10월 27일 개정된 헌법을 공포한다. 간선제 선출 방식 등 유신 헌법의 골자를 이어받은 새 헌법에는 기존 국회와 정당의 해산이 명시되었고, 같은 해 10월 발족한 국가보위입법회의가 약 5개월간 그 역할을 자임해 각종 악법을 양산할 수 있도록 했다. 국가보위입법회의가 완수한 전체주의적 법·제도 정비의 대표적 예로 '정치 풍토 쇄신을 위한 특별조치법' '언론기본법' '노사협의회법' '집회 및 시위에 관한 법률' '국가보안법' '사회보호법' 등의 제·개정을 들 수 있다.

1980년 11월 3일 통과된 '정치 풍토 쇄신을 위한 특별조치법'에 의해 설치된 정치풍토쇄신위원회는 같은 달 25일 국회의원, 정당 간부, 권력형 부정 축재자 등 총 567명의 정치활동 피규제자를 공표했다. 이들의 정치 활동은 1988년 6월 30일까지 금지하도록 규정돼 있었다. 같은 해 12월 26일 공포된 '언론기본법'은 언론이 "공공질서를 문란케 하는 위법 행위를 현저하게 고무, 찬양할 경우 문화공보부 장관이 정·폐간을 명령할 수 있는 권한을 부여"했다. 더불어 국가보위입법회의는 방송위원회, 한국방송공사, 한국언론연구원, 언론중재위원회, 방송심의위원회를 비롯한 법정 언론 유관 기관의 설립을 통해 언론에 대한 제도적 통제 장치를 확고히 했다. 이는 5·18 직후 7~8월에 단행된 언론인 대량 해고, 같은 해 11월 실시된 언론 통폐합 등 신군부 등장 이후 끊임없이 시도돼온 언론 통제 장치를 완성하는 격이었다.[15] 이어서 같은 해 12월 30일 개정된 '노동관계법'은 노동자라면 노조에 의무적으로 가입되는 유니온숍 제도의 폐지, 제3자 개입 금지 조항 삽입, 행정관청의 노조에 대한 간섭 합법화, 노사협의회법 추가 등을 통해 노동운동을 원천적으로 제약하는 틀을 확정 지었다. 이밖에 '국가보안법'의 전면 개정, '집회 및 시위에 관한 법률'의 재정비를 통해 정치적 표현의 자유를 심각하게 제약하는 장치도 마련됐다. 또 예의 '삼청 5호 계획' 이후 1980년 12월 18일 제정된 '사회보호법'은 이른바 "순화 불능자에 대한 사회 격리 대책"이 그 명분이었다. 이후 "이 법의 부칙 5초 1항에 따라 군부대에 수용돼 있던 8187명과 경찰에 유치돼 있던 2101명 등 총 1만 288명이 사회보호위원회의 보호감호 심사"를 받았다. 이상과 같은 일련의 제도 정비가 도달한 최종 지점은 개정 헌법에 따라 1981년 2월 25일 잠실체육관에서 유효 투표 총수의 90.2%를 얻은 전두환의 12대 대통령 선출이었다.[16] 마침내 군부권위주의 정권의 이데올로기적 담론 구성체를 떠받치는 법적·제도적 구조물이 완성된 것이다.

한편, 법·제도의 정비를 마친 군사정권의 '총체적 지배'는

5·18 당시 이미 그 원형을 보여준 이데올로기적 담론 구성체에 의해 본격적인 양상을 드러낸다. 즉 군부권위주의 정권의 이데올로기적 담론 구성체는 '안정, 안보, 발전'을 지향하는 신군부의 이데올로기적 정향을 오롯이 유지하고 있었다. 다음은 총체적 지배의 최정점에 있었던 전두환의 취임 직후 담화문들이다.

> **"국가안보**는 다른 무엇과도 대체할 수 없는 생존의 필수조건이며 따라서 우리는 국가안보 최우선의 태세를 우리의 체질로 삼아야 할 것입니다. …… 이러한 면에서 80년대는 모든 분야에서 **안정**과 화합의 바탕 위에 일대 국민적 전진을 이룩하는 연대이며, …… 우리는 제5공화국의 출범을 통해 **성장**과 성숙의 시대에 들어서는 찰나를 맞이하고 있습니다."(전두환, 〈제12대 대통령 취임사〉, 1981.3.3. 이하 강조는 인용자)[17]

> **"나라의 안전**과 평화를 튼튼히 다지는 가운데 …… 우리가 **성장과 발전**을 추구하는 데 있어서 무엇보다도 중요한 것은 **안정**입니다."(전두환, 〈1982년 신년사〉, 1980.1.1.)

주목해야 할 지점은 이러한 이념 지향의 대척점에 민주주의가 놓여 있다는 사실이다.

> "민주주의는 인류의 보편적 가치입니다. 그 가치의 구현을 위해 모두가 노력해야겠지요. 그러나, 그 가치의 구현 방법

이 시공을 초월해서 동일할 수는 없습니다. 기독교가 문화적 배경을 이루고 있고 연면한 민주정치의 전통을 가진 서구 사회와 그와는 전혀 다른 문화 전통을 가진 동양 사회에서 동일한 내용의 민주정치가 성숙될 수는 없는 것입니다. 서구 사회에서 성숙된 민주정치를 그대로 동양 사회에 이식시켰을 때 뿌리를 내릴 수가 없습니다. 이처럼 뿌리를 내리지 못한 모방된 민주정치는 그 사회가 요구하는 진정한 요구를 해결하는 데에는 무력하기 짝이 없고 **사회적 혼란과 빈곤, 그리고 정체**만을 자초하고 말 뿐입니다. …… 그 점에서도 우리 사회에서는 왕왕 제대로 민주주의를 소화시키지도 못한 **극단적 민주론자나 교조주의자들**이 서구식 정치만이 절대 진리라고 고집함으로써 민주정치의 토착화를 저해해왔습니다. …… 새로운 정치 질서를 구축함에 있어서는 10·26사태 이후의 여러 현상들이 커다란 교훈을 주고 있는 것 같습니다. …… **10·26사태 이후 국가권력의 중추가 무너지자 국가는 침몰의 위기에까지** 다다랐습니다. 치안 질서는 문란해지고 경제는 정체 상태에 빠졌으며 국가 기능이 마비 상태에 놓이게 되었고 급기야는 국기마저 흔들리게 된 것입니다. 판을 치는 건 선동 정치인들의 구호와 이에 부화뇌동한 학생들의 소요뿐이었습니다. …… **강한 지도력의 응집**이 없이는 이 나라의 모든 기능이 수십 년 후퇴해버릴 우려마저 있었습니다. …… 북의 호전적인 집단과 대결해서 살아남기 위해서는 남쪽이 하나로 똘똘 뭉쳐도 어려운 형편인데, 오히려 힘을 분산시켜 책임의 소재를 모호하게 한다거나 상호 견제토록 해서 제대로 힘을 모으지 못하게 한다는 것은 너무나 오늘의 **안보 상황**을 외면하는 처사라 아니할 수 없습니다. …… **일부 지식인들의 몰지각한 비판 행위가 국론 분열의 큰 요인**이 되어왔음은 유감이 아닐 수 없습니다."(전두환, 〈문화방송·경향신문 사장과의 특별회견〉, 1980.8.11.)

제시된 담화문에서 민주주의는 "인류의 보편적 가치"라 전제되면서도 서구식 민주정치와 동양식 민주정치의 문화적 배경에 따른 차이가 강조되면서 민주주의 개념이 양분된다. "우리의 정치 풍토에 뿌리내릴 민주정치"가 아닌 "모방된 민주정치"를 주장하는 "극단적 민주론자나 교조주의자들"이 "사회적 혼란과 빈곤, 그리고 정체만을 자초"하고, "민주정치의 토착화를 저해"해왔다는 것이다. 이는 전형적인 이분법적 논리 구조로 보편적 민주주의와 구별되는 특수한 민주주의가 존재하며, 그것이 우리의 문화 배경에 맞는 선한 민주주의라는 논법이다. 보편/특수, 서양/동양, 선/악, 적/아我의 구분을 전제한 이러한 이분법적 사고 구조는 이 시대의 지배 담론을 관통하는 인식론적 기저였다. 이 논리에 따르면 일명 교조주의, 극단적 민주론으로 지목된 민주주의의 가장 큰 과오는 위기를 자초하는 '혼란'이다. 이로 인해 '혼란'은 국가가 지목한 서구식 민주주의의 가장 큰 폐해인 동시에 시대를 진단하는 대표 키워드로 반드시 경계해야 할 '절대 악'으로 상정된다. 그 이유는 '국제정치와 세계 경제의 위기' 속에서 우리는 '북의 위협'이 도사리고 있는 서구와는 다른 '특수' 상황에 있으며, 민주주의는 내부의 분열과 갈등을 조장해 안보와 안정, 발전을 저해하고, 결국 '국기마저 위태롭게' 하는 망국의 위기를 가져오기 때문이다. 따라서 담화문이 진단하는 이 시대는 "구시대"의 위기와 혼란을 극복하고 "새 시대"를 맞이하는 일종의 "전환기" "분기점" "분수령"이며, 이를 위해 "총화" "단결" "단합" "통합"이 요구된다(전두환, 〈조찬기도회 인사말〉, 1980.8.6.; 전두환, 〈대통령 취임사〉, 1980.9.1.; 전두환, 〈헌법 개정안에 즈음한 특별담화〉, 1980.9.20.). 계속해서 전두환의 담화문을 따라가보자.

"더욱 가공할 일은 일부 학생들이 우리나라가 처한 현실을 망각하고 용공적인 구호를 공공연히 외치는가 하면, **정치 불순 세력에 편승하여 폭력에 의한 정부 전복 음모에 가담**하는 범행까지 저지르기에 이르렀습니다. …… 따라서 앞으로 어떤 상황에서도 학원 내외의 소요사태는 일체 용납되지 않을 것이며, 이 기회에 **가두시위의 악습은 다소의 희생을 감수하고서라도 근절**시키고 말 것입니다."(전두환, 〈전국대학 총학장을 위한 오찬 인사말〉, 1980.8.19.)

"우리 사회에 이 같은 부정과 타락과 무질서의 **병균**이 싹틀 수 없게 하기 위해서는 원칙적으로 **사회악**의 요인들이 자라날 수 없도록 우리 사회의 체질을 깨끗하고 튼튼하게 가꾸어나가야 함은 물론, 국민 각자가 건전한 시민윤리를 확립하여 실천해나가지 않으면 안 될 것입니다. …… 아울러 우리는 잔존하는 모든 비리와 사회적 모순을 찾아내서 **제거**하는 데 끊임없는 노력을 경주해나가야 하겠읍니다. 사회적 병리 현상의 근원적 치유에 앞서 눈앞에 드러나는 모든 부정과 비리를 척결하는 것은 **사회정화운동**의 일차적 과제인 것입 니다."(전두환, 〈사회정화운동 전국대회 유시〉, 1983.12.7.)

위 담화문에 따르면 앞서 제시된 논리 구조와 같은 맥락 에서 국가는 민주주의를 주장하는 정치인들의 행위를 "대중 을 무책임하게 선동"하는 것이라 비난한다. 또 언론과 지식인 들의 비판은 "몰지각"하게 "나라를 위기에 빠뜨리는 파괴 행 위"이며 학생들의 시위는 "정치 불순 세력에 편승한" "부화뇌 동"으로 단정된다. 바꿔 말해 민주주의에 대한 요구는 분열과 갈등을 조장하는 혼란을 가져올 뿐이며, 그 대상은 정권에 타 협하지 않는 정치인, 학생, 언론인을 비롯한 지식인이라는 것 이다. 급기야 이러한 "악습"과 "병폐"는 "다소의 희생을 감수 하고서라도 근절"해야 할 위기의 근원으로 규정된다. 이를 위 해 국가가 제시하는 해법은 "사회 개혁"의 단행에 의한 "사회 악 일소"다. 즉 "이 나라 이 민족을 살리는 마지막 기회"인 "구 국 과업"을 완성할 수 있는 유일한 길은 "강력한 지도력"과 국 민들의 의식 구조 자체를 바꾸는 "사회정화"라 단언된다(전두 환, 〈문화방송·경향신문 사장과의 특별회견〉; 전두환, 〈전국대학총학장을 위한 오찬 인사말〉).

〈그림 1〉은 이 정부의 이데올로기적 담론 구성체를 도식 화한 것이다(대통령기록관 www.pa.go.kr, '전두환 연설문' 참조).

민주주의에 대한 군부권위주의 정권의 이 같은 맥락화는

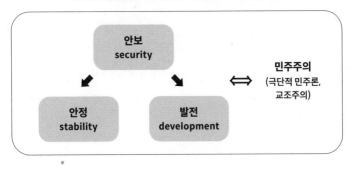

정치사회학의 시선에서 두 가지 의미를 내포하고 있다. 첫 번째는 국가의 담론 정치 속에서 민주주의=혼란으로 정형화되면서 민주주의가 궁극적으로 국가 위기를 불러일으키는 존재로 표상된 것과 관련된 함의다. 이는 정권에 대한 어떠한 반대도 국가에 대한 위협이라는 범위 설정임과 동시에 국가가 전체의 이해라 정한 틀을 벗어나는 것은 "총화" "단결" "단합" "통합"을 저해하는 행위라는 전체주의적 사고의 발현이다. 또 나라의 안전과 안정, 발전을 희구하는 대다수 국민과 '모방된 민주정치'를 주장하는 정치인, 언론, 학생, 지식인들로 나뉜 국민과 비국민의 분할을 정당화하는 논리로 이어져 "다소의 희생을 감수하고서라도 근절"해야 할 배제의 정치가 수행되고 있음을 보여준다.

그중에서도 특히 '사회정화'는 정권 담당자의 제노사이드적 사고 정향을 단적으로 보여주는 담론이다. '정화'는 본래 사전적 의미에서 말 그대로 '깨끗이 하지 않은 상태'를 전제한다. 따라서 군부권위주의 정권이 다시 도래한 시점의 우리 사회는 불결하고 더러운 상태이며, 이의 일소가 불가피한 상태라는 현실 진단을 전제하고 있다. 사회는 하나의 유기체와 같이 이데올로기적으로 균일해야 한다는 전체주의적 사고와 함께 이러한 순혈주의를 오염시킨 더러움은 깨끗이 '청소'하고 '제거'해야 한다는 메시지를 담은 의미 구조인 것이다. 제2차 세계대전 당시 대규모 유대인 학살 정책이 현실화되기 전 나치 역시 끊임없이 '사회정화'를 독려했으며, 같은 방식으로 캄보디아의 크메르루주는 '인간청소'를 언급했다.[18]

그런데 이 '사회정화'라는 명분은 신군부의 집권 초반부터 정권의 몰락 이전까지 가장 중요한 정치 담론으로 끊임없이 재생되었던 정당성의 원천 중 하나였다. 초기 사회정화운동의 형태는 "각종 비리를 물리적으로 척결"하고 "우리 사회의 환부를 도려내는 외과적 처치"의 과정으로 제시된다. 이후 후반기에 들어서는 "이념체계의 재정립 운동으로 가치관의 혼란과 갈등을 극복해나갈 수 있는 정신적 역량을 배양"하는 단계로 "새로운 질환의 발생 소지를 원천적으로 없애는 체질 개선 노력"이 필요한 시기로 단정된다. 이는 10·26 이후 집권 초반 시기를 혼란과 무질서가 난무하는 국가 위기로 진단하고 이를 극복하는 이념적 방편으로 등장한 사회정화운동이 집권 기간을 통틀어 끊임없이 등장하는 '혼란을 부채질하는 위협 요소'에 대한 대응으로 호명됐음을 뜻한다. 따라서 전두환의 집권 기간 내내 강조된 언술인 '사회악' '병균' '독버섯'과 같은 배제적 담론은 언제든 만들어질 수 있는 위기, 혹은 언제든 과장될 수 있는 위기를 일컫는 언어이기도 했다(전두환, 〈진해 특별 기자회견〉, 1982.7.31.; 전두환, 〈사회정화 유공자들을 위한 다과회 격려 말씀〉, 1982.12.17.; 전두환, 〈사회정화운동 전국대회 유시〉, 1983.12.7.; 전두환, 〈사회정화운동 시·도대회 치사〉, 1984.11.20.; 〈전두환, 사회정화운동 전국대회 치사〉, 1985.11.27.; 전두환, 〈민주정의당 제4차 전국평생동지 수련대회 치사〉, 1986.7.22.; 전두환, 〈사회정화운동 시·도대회 치사〉, 1986.11.21.).

민주주의에 대한 군부권위주의 정권의 이데올로기적 담론 구성체가 지닌 또 하나의 정치사회학적 함의는 대중의 '정치적 이성과 주체성의 부정'이다.[19] 제시된 담화문에서 대중은 "무책임한" 정치인의 선동과 "몰지각한" 언론의 비판에 휘둘려 "부화뇌동"할 수 있는 존재로 묘사된다. 이러한 담론은 대중을 정치적 사유와 행위가 불가능한 존재로 형상화하는 것은 물론, 그들의 정치적 행위 표출은 반드시 배후 세력의 추동의 결과라는 순환 논리 구조를 보여주는 언술이다. 다시 말해 정치적 행위자의 지위를 박탈당한 대중의 행동 뒤에는 언제나 '불순분자'가 있다는 논리의 동어반복이다. 이는 다시 한나 아렌트가 전체주의적 지배 양상을 본격적으로 드러내는 징후로 꼽은 '객관적인 적'의 추적과 상통한다.

실질적인 적들의 제거 작업이 완성되고, 비밀경찰의 업무가 확대된 이후 비로소 공포정치가 전체주의 정권의 실질적인 내용이 된다. '객관적인 적'은 질병의 매개자처럼 어떤 경향의 매개자이기 때문에 그들이 실제 국가 전복을 획책했는지 그렇지 않았는지는 중요하지 않다. 그들은 정부의 정책에

오월의 정치사회학

의해 '적'으로 선포되며, 이로 인해 일종의 정당방위로 그를 죽일 수 있는 상황이 된다. 따라서 '객관적인 적'은 적으로 이미 알려졌거나 잠재적인 적으로서 그럴듯하게 보여야 할 뿐더러 이로 인해 특정 선전 목적에 따라 특별한 범주가 선택되기도 한다.[20]

앞서 살펴보았듯이 5·18 당시 국가가 지목한 '객관적인 적'은 '타 지역 학원 소요 주동자와 깡패 등 현실 불만 세력' '상당수의 타 지역 불순 인물 및 고첩들' '북괴 노선을 지지해 유혈혁명을 일으켜 국가 전복을 획책한 김대중과 그의 추종자들'이었다.[21] '고첩들과 남파간첩'이 이미 알려진 객관적인 적이었다면, '학원 소요 주동자'와 '김대중'은 '그럴듯하게 보이는 잠재적인 적'이었다. 5·18은 바로 그런 객관적인 적들이 '북괴 노선을 지지해 유혈혁명을 일으켜 국가 전복을 획책한' 구체적 사례이자 역사적 실체로 그려졌다. 국가의 '특정 선전 목적'에 따라 '특별한 범주로 선택'된 이들이 일으킨 폭동이었던 것이다. 더불어 여기서 주목할 만한 또 다른 지점은 이 '불순분자'의 논리 구조가 적어도 우리 사회가 민주화의 경로로 들어서기 전까지 국가가 선포한 '객관적인 적'의 지위를 유지하는 동력이 된다는 사실이다. 정권의 위기 시마다 끊임없이 변화를 거듭하는 대상이자 안정을 저해하고 혼란을 부추기는 세력이라는 일관된 틀을 유지한 '불순분자'에 대한 추적은 국가안전기획부, 보안사령부로 대표되는 사찰기구, 경찰과 같은 억압적 국가기구에 의해 실행된 일상적 감시체제의 강화가 뒷받침했다. 그것의 이름은 정치 공작, 미행, 납치, 고문, 보호감호, 양심수, 강제징집, 의문사, 간첩단 사건 조작 등 다양했지만, 법적 관점에서 용의자가 객관적인 적으로 변화하는 본질은 바뀌지 않았다. 이 역시 범죄의 결과에 대한 처벌이 아닌 범죄를 저지를 가능성마저도 단죄되어야 한다는 전체주의의 논리 전개와 맞닿아 있다. 전체주의 사회에서 용의자라는 범주는 전 주민을 포함할뿐더러, '빨갱이'와 같이 '공식적으로 이미 정해졌지만, 수시로 변하는 노선이나 적용 범위에서 일탈한 관념이나 행위는 어떤 영역에서 발생했건 모두 혐의의 대상'이 되이야 했다.[22]

3. 국가가 창조한 신화
: 망각의 정치와 지역주의 담론

안정, 발전, 안보의 대립항에 민주주의를 배치한 군사정권의 이데올로기적 담론 구성체는 신군부의 집권 기간 동안 국가가 5·18을 호명하는 주요 배경과 근거가 된다. 특히 항쟁이 진압된 이후 공식적으로 제5공화국이 출범되기 이전에 발표된 담화문들은 국가에 의해 제시된 정치 담론의 맥락 모형context models 추출에 필요한 중요 단서를 제공한다. 정치 담론 연구의 선구자인 판 데이크가 개념화한 맥락 모형은 '행위자에게 적합성을 지닌 커뮤니케이션 상황 속 본질이 주관적으로 재현된 심리 모형'을 의미한다. 정치 담론을 분석하는 연구자가 방법론적으로 주의를 기울여야 하는 요소는 특정 담론이 통용되는 일반적 객관적 맥락보다는 '담론 행위자들에 의해 특정한 방식으로 해석된 맥락'이라는 것이다.[23] 그가 제시한 이정표를 따라 5·18에 대한 국가의 기억을 해체해보자.

"현실정치 문제를 내세워 공공연히 정부 타도를 외치며 거리로 뛰쳐나온 **학생들의 시위, 그리고 일부 난동자의 폭력에 휘말렸던 광주사태**는 일찍이 없었던 민족적 비극이 아닐 수 없습니다. 더구나 위험스러운 것은 이번 학생 시위와 광주사태를 계기로, **북한 괴뢰의 계급투쟁 방법에 공공연히 동조**하면서 궁극적으로는 사회주의 혁명으로 국가를 전복하겠다는 경향입니다. 따라서 **지금의 상황은 정부나 정권의 차원이 아니라, 국가 차원의 생존 여부가 걸린 국면이라고 하지 않을 수 없습니다.** …… 국가와 민족의 생존을 확고히 보전할 수 있는 **국가안보 태세**를 정착시킴으로써 궁극적으로 민족적이고 사회정의가 넘치는 민주복지사회의 건설에 혼신의 노력을 경주해야 할 것입니다. 따라서 우리 국가보위비상대책위원회 상임위원회는 이러한 국가 목표의 달성을 위해 무엇보다도 먼저 **국가의 안정과 건전한 발전**을 저해하는 모든 **혼란 요인을 배제**하는 데 최우선적인 역점을 두어야 할 것입니다."(전두환, 〈국가보위비상대책위원회 및 위원에 대한 훈시〉, 1980.6.5.).

"지난봄부터 우리에게는 더 큰 시련이 닥쳐왔습니다. 나라의 기본 질서를 위태롭게 했던 일부 정치인들의 과열된 정치 활동, 사회 기강의 해이를 틈탄 갖가지 비리, 그리고 일부 학생들의 몰지각한 난동으로 우리 사회는 큰 혼란에 빠졌으며, 급기야는 **불순불자들의 배후 조종**에 의하여 불행한 광주사태까지 일어났던 것입니다. 이러한 상황은 실로 국가 존립과 국민의 생존 여부를 좌우하는 **국가적 위기**였다고 하겠습니다."(전두환, 〈조찬기도회 인사말〉, 1980.8.6.).

사건 직후 발표된 위 담화문에 따르면 5·18은 안정, 발전, 안보를 위협하는 혼란의 최정점으로서 국가적 위기를 불러온 사건으로 표상된다. 이 혼란을 가져온 행위자는 '무책임한 선동'을 일삼는 정치인, '몰지각한 난동'을 부린 학생, 그리고 '불순분자'의 배후 조종에 '부화뇌동'한 대중이다. 더불어 혼란의 근원은 사적 이해를 위해 전체와 공익을 위기에 빠뜨리는 '악습'과 '병폐'에 있다는 진단이다. 5·18의 경우 사적 이해는 김대중이라는 개인의 정권욕으로 구상된다.

"김대중 구명운동이 가장 강렬한 곳이 일본이라고 알고 있읍니다. 극렬하게 하는 것은 한민족과 조총련 그리고 일부 일본인으로 알고 있읍니다. **조총련은 김일성이가 조종하고, 세계 각국에 북괴 공관이 있는 데서는 구명운동**을 하고 있읍니다. 미국에도 **북괴에 다녀온 친북괴 교민단체**가 있다고 듣고 있읍니다. 이들이 백악관, 상원의원들에게 한 사람이 1백 장 이상 편지를 써서 보내는 구명운동을 하고 있다고 들고 있읍니다. …… 김대중으로부터 자금을 받아, 예를 들면 39살짜리 대학생이나 변호사들이 가담해서 계엄하에서는 데모를 못 하게 되었는데도 데모를 했습니다. 그래서 진압해야 했고 그 과정에서 저쪽에서 돌멩이 등을 가지고 조직적으로 했기 때문에 이쪽에서도 강력하게 했읍니다. 또 폭도들은 심리전을 전개하여 선전을 했으며, **지역감정을 유발**하여 '경상도 군인이 전라도민을 죽인다'고 했읍니다."(전두환, 〈미국 《월 스트리트 저널》지와의 회견〉, 1980.11.19.)

"북한 공산주의자들이나 그 동조 세력들이 우리 정부를 들어 군사정부니 뭐니 하면서 몰아붙이고 있읍니다만, 이 문제도 한번 생각해봅시다. 우리의 국군장병이 **정치, 사회적 혼란을 수습하여 국가를 위기에서 구출**하고 그 터전 위에서 온갖 구시대의 비리를 개혁하는 데 노력해온 것은 여러분들이 다 잘 아는 바입니다. …… **국가의 침몰을 바라지 않는 사람들은 한마음 한뜻으로 뭉쳐** 새 시대를 개척해나가야 할 때입니다."(전두환, 〈워싱턴 동포 초청 리셉션〉, 1981.2.1.)

이처럼 위기의 기억으로 정형화된 5·18에 대한 국가의 호명이 포괄하는 내용은 이후 제시된 담화문에서 '10·26사태 이후'라 통칭한 혼란의 정점에 '선동정치' '개인과 파당, 지역의 이익'의 산물로 치부되는 절차적 민주주의의 기본 요건인 '직접선거'가 놓여 있다는 사실에서 더 분명해진다.

"특히 대통령 선거 방법의 경우 **직접선거는 인적, 물적 양면** **에서의 과도한 국력 낭비, 인기에 영합하려는 무책임한 공** **약의 남발, 여야 대립 격화로 인한 국론 분열, 지역감정 촉발** **에 따른 국민총화의 저해 등** 정치를 지난날의 왜곡되고 파 행된 모습으로 뒷걸음치게 할 많은 요인들을 내포하고 있습 니다. '10·26사태' 이후 일부 구정치인을 중심으로 야기된 **일련의 정치, 사회적 혼란과 계층 간, 지역 간의 갈등 및 국** **론 분열 현상은 직접선거가 폐습 재연의 온상**이 될 가능성 이 있다는 국민적 각성과 교훈을 일깨워준 계기가 되었습니 다." (전두환, 〈헌법 개정안 공고에 즈음한 특별담화〉, 1980.9.29.)

"우리의 오늘날 국가적 상황은 국기를 위태롭게 하는 극한 적인 파쟁과 국민윤리를 교란시키는 **선동정치**를 더 이상 허 락하지 않고 있습니다. 우리는 정의로운 민주복지국가 건 설이라는 웅대한 역사적 사명을 부여받고 있으며, 이 사명 을 완수하기 위해서는 우리 모두가 **개인과 파당과 지역의** **이익**을 초월하여 나라 전체를 위하여 헌신하고 협동하여 야 하겠습니다."(전두환, 〈제5공화국 헌법 공포에 즈음한 담화〉, 1980.10.27.)

위 담화문은 기존 정당을 해산하고 유신헌법을 골자로 한 새 헌법을 공포하면서 발표된 것이다. 이는 전체주의적 통 치 행위에 대한 대응으로 부상한 각계의 직접선거 요구를 국 가 위기의 기억을 불러들이는 방식으로 차단하는 맥락 구조

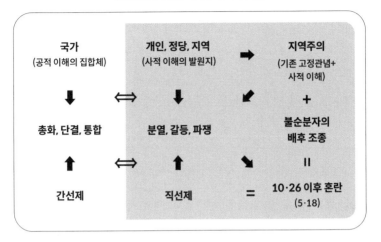

〈그림 2〉 5·18과 지역주의 맥락 모형

를 보여준다. 다시 말해 국가적 '낭비' '분열' '총화의 저해'를 가져와 '폐습의 온상'이 될 '가능성'이 있는 직접선거가 '10·26 사태 이후'의 혼란과 같은 선상에 배치된 것이다. 이는 직접선거의 정당성 자체에 대한 논의를 봉쇄하는 것은 물론, 이 논쟁이 위치한 '상황적 맥락을 특정한 방식으로 정의'하는 맥락 모형을 보여준다. 즉 이 맥락 모형은 국가, 공적 이해라는 선의 반대편에 사적 이해에 의해 혼란이 부추겨질 직접선거, 그리고 그에 앞서 불순분자의 배후 조정이 더해진 5·18을 배치하고 있다.[24] 이 같은 맥락 모형을 도식화하면 〈그림 2〉와 같다 (대통령기록관 www.pa.go.kr, 〈전두환 연설문〉 참조).

이처럼 국가가 정의한 지역주의 맥락 모형에서 지역주의는 정치적 이성이 부재한 비이성적·감성적 판단의 결과인 것으로 개념화되고 있다. 또 지역주의는 궁극적으로 사적 이해를 위해 분열, 갈등, 파쟁을 조장해 국가를 위기에 빠뜨릴 수 있는 원인으로 간주되고 있다. 그 폐해가 대표적으로 드러난 사례가 바로 5·18이다. 국가의 안전을 위협하는 오랜 역사적 기억의 산물인 '불순분자'가 득세할 수 있는 환경을 제공해 결과적으로 국가 기반을 뒤흔든 사건이었기 때문이다. 이러한 인지적 맥락 모형의 수용은 지역주의의 부정적 호명에 정당성을 부여하는 것에서 그치지 않고 국가에 의해 조작되고 재생산된 대중들의 기억을 강화한다. 그 효과는 공식 담론의 주요 생산 주체 중 하나인 언론을 매개로 뒷받침된다. '강력한 권위주의 정권의 통제 정책으로 정부의 선전기구로 전락한 언론'이 5·18에 대한 국가의 성격 규정을 '무비판적으로 중계하는 모습'을 보였기 때문이다.[25]

국가에 의한 이 같은 신화 창조는 부인의 정치학의 관점에서 볼 때 '한 사회의 문화가 개인에게 고통이나 유쾌하지 않은 기억을 은폐하기 위해 사용하는 여러 수단'의 전형적 예이기도 하다. 이에 대해 리처드 로런스 밀러는 국가가 자기성찰을 피하는 수단으로 부인, 책임 전가, 합리화, 상대화 등의 메커니즘을 이용한다고 밝힌다.[26] 5·18에 대한 국가의 맥락 모형은 이러한 기법이 적절하게 배합된 예로 볼 수 있다. 구체적으로 "다른 사람을 비난함으로써 가해자를 무혐의 처리하고 가해자를 피해자로 만드는 기술"인 책임 전가는 사리사욕에 눈이 멀어 국가를 혼란에 빠뜨린 김대중으로 대표되는 사적 이해의 극단적 발원지, '광주'라는 논법에서 그 전형성을 발견할 수 있다. 또한 정당화의 한 형태인 합리화는 "당혹스러운 행

오월의 정치사회학

동을 설명할 논리적 이유의 발견"에 따른 것으로 "저쪽에서 돌멩이 등을 가지고 조직적으로 했기 때문에 이쪽에서도 강력하게"라는 언급에서 찾을 수 있다. 또 "왜 굳이 복면을 하여야 했고 또 군과의 대결을 무릅쓰고 좌익이 수감되어 있는 광주교도소를 다섯 번이나 기습"하고, "폭도들은 심리전을 전개하여 선전을 했으며, 지역감정을 유발하여 '경상도 군인이 전라도민을 죽인다'"고 했다는 등의 대응 논리에서도 나타난다(전두환, 〈미국《월 스트리트 저널》지와의 회견〉). 학살을 '다른 행위와 비교해 사건의 공포를 해명'하고자 하는 상대화는 "미국에서도 폭도를 진압하는 데는 강경한 방법을 쓸 것"이라는 변명에서 발견된다(전두환, 〈미국《월 스트리트 저널》지와의 회견〉). 마지막으로 부인은 "가장 직접적이고, 그러나 많은 점에서 가장 교활한 기억 조작의 형태"로 '합리적 의문의 외양'을 띠는 방식을 취해 "근거가 확실한 정보로 상세한 설명을 제시"함으로써 반박되거나 폭로되기 어렵다는 난점이 있다. 특히 '부인론은 종종 개인적인 요구와 집합적인 요구 모두에 봉사하는 것 같은 형태로 나타나 보다 강력하게 받아들여지는 특성'이 있다.[27] 5·18의 경우 2장에서 살펴보았듯이 학살 사실 자체의 부정, 전개 과정, 원인에 대한 국가의 설명이 모두 부인에 해당한다.

한편, 제5공화국 출범 이후 5·18에 대한 국가의 담론 정치는 〈그림 2〉에서 제시한 지역주의 맥락 모형을 기정사실화하면서 '망각의 정치'를 수행하는 순서를 밟는다. 전두환의 담화문에서 1981년 2월 이후 5·18에 대한 직접적인 언급이 자취를 감추는 대신 '10·26 이후 혼란'이라는 언술로 대체된 것이다. 일종의 체계적 망각organised forgetting의 과정이라 볼 수 있다. 이때 '체계적 망각'이란 '사회적 기억은 상당한 망각 작업 없이 존재하지 않으며, 기억할 만한 가치가 있는 것, 기억되는 것은 보다 큰 사회적 힘들에 의해 규정되고 규제되는 동시에 권위 있는 담론들을 통해 구조화되고 유지'된다는 통찰에서 비롯된 개념이다.[28]

이처럼 어떤 사안에 대한 기억이나 망각을 권위적으로 체계화하는 과정에서 국가가 주도적 역할을 하는 이유는 기억의 또 다른 사회적 속성과 연관된다. 국가의 기억이나 공식 역사 쓰기는 '비균질적인 국민이 사회적 응집력의 토대를 갖출 수 있는 매우 유용한 도구'인 까닭이다. 다시 말해 국가라는 실체의 이미지는 "국가가 위기 상황에 어떻게 대응했는지에 대한 기억에 의해 강화"될 뿐만 아니라 이러한 신화들은 국민이 '현실에 직면하는 것을 피하고, 어떤 기억들은 억누르게 하는 효과'가 있다.[29] 5·18에 대한 국가의 '망각의 정치' 역시 이 같은 역사적 재구성의 시도로 파악할 수 있다. 5·18을 대체한 어구인 '10·26 이후 혼란'이 그 대표적 근거이다. 앞서 제시한 맥락 모형을 고려할 때 '10·26 이후 혼란'은 사안에 대한 직접적인 언급을 회피하는 대신 '혼란'만을 부각하는 전략을 통해 '지역주의 폐해와 불순분자의 준동'이 결합한 위기의 정점이라는 국가의 호명을 전제한다. 동시에 "우리의 국군장병이 정치, 사회적 혼란을 수습하여 국가를 위기에서 구출"했다는 신화를 재각성하는 효과를 배가시키고 있다. 다시 말해

오월의 정치사회학

이 맥락 모형에서는 '5·18의 진실이 무엇이었느냐?' 또는 '지역주의와 불순분자가 사태의 진정한 원인이었느냐?'와 같은 사건의 성격에 대한 본질적 의문은 이미 논쟁의 중심에서 비켜나 있다. 그저 국가가 그 원인으로 지목한 사적 이해의 가장 나쁜 예인 지역주의와 불순분자의 배후 조종 탓에 국기를 흔든 사건이라는 정의만이 살아 있다. 이러한 맥락은 담론 투쟁의 진정한 전장이 '직접적인 논쟁의 이슈가 아니라 그 논쟁이 지시하는 상황이 과연 어떤 상황인지를 정의 내리는 지점'이라는 것을 예시한다.[30]

구체적으로 5·18에 대한 제5공화국의 '망각의 정치'는 준법정신의 강조와 지역주의의 원인으로 국가가 가정한 경제적 박탈감을 해소하는 방식으로 실현된다. 뒤따르는 담화는 5·18이 일단락된 직후인 1980년 8월 공사를 시작해 1년여 만에 마무리된 광주어린이대공원 준공식 치사의 일부다. 이 공원 조성에 지출된 공사비 총 56억 6700만 원 중 32억 400만 원은 5·18 직후 모금된 '광주 돕기 국민 성금'이었다.

> "이곳은 단순히 어린이들이 마음껏 뛰놀기만 하는 놀이터에 그쳐서는 안 되겠습니다. 구김살 없이 마음 놓고 뛰어노는 가운데 어린이들은 **질서와 규칙을 존중하는 습성을 길러 민주시민으로서의 소양을 쌓아나가야 할 것**입니다. 또한 우리의 선현들의 슬기와 얼이 담긴 전시물들을 살펴보면서 올바르고 굳센 국민정신도 키워나가야 하겠습니다."(전두환, 〈광주어린이대공원 준공식 치사〉, 1981.8.20.)

얼핏 단순한 질서의식의 강조로 보이는 위의 언술은 공원이 건축된 시점, 활용된 예산의 출처, 그리고 5·18에 대해 국가가 제시한 맥락 모형의 프레임을 고려하면 사정이 달라진다. 이 시기 준법정신이 언급된 여타 담화문들을 좀 더 살펴보자.

"또 한 가지 중요한 것은 **민주정치란** 곧 공정한 경쟁, 정의 그리고 **준법정신을 의미**한다고 생각한다. 따라서 이성이 지배하는 건전한 정치 풍토를 발전시키는 것이 필수적인 과제이다."(전두환, 〈미국 《타임》지와의 회견〉, 1981.4.14.)

"**나는 그동안 안정과 법질서의 중요성에 대해서 강조**해온 바 있지만, **만약 개인과 파당의 이익을 위하여** 지금의 헌정 질서를 흔들려는 불법적인 기도를 하는 사례가 있을 경우, 이를 평화적 정권 교체의 전통 수립에 대한 저해 행위로 간주하여 단호하게 대처해나갈 것임을 분명히 밝혀두는 바입니다."(전두환, 〈하계 특별 기자회견〉, 1983.8.23.)

"본인은 앞으로도 법과 질서를 파괴하고 정의를 배반하는 행위는 직위 여하를 막론하고 가차 없이 대처해나가고자 합니다. …… **법과 질서가 파괴되는 사회 속에서 안정과 발전과 민생의 행복은 보장될 수 없습니다.**"(전두환, 〈1984년도 국정연설〉, 1984.1.17.)

위 담화문에 따르면 전두환 연설문에서 강조되는 준법정신은 단순한 생활 태도에 대한 환기가 아닌 국가가 이데올로기 담론 구성체의 핵심으로 지목한 안정, 발전, 안보의 등가물임을 나타낸다. 즉 5·18에 대한 맥락 모형 속에서 5월의 기억은 본질적으로 법질서를 지키지 않는 습성에서 비롯됐다는 가치 폄하의 의미를 띠고 있다. 이러한 국가의 평가는 사건 발생 5주기인 1985년 광주, 부산, 대구 지역 신문들의 5·18에 대한 보도가 시위와 연관된 사회질서 강조로 점철된 것에서도 확인된다.[31] 질서, 규칙과 같은 보편적 가치가 국가가 제시한 맥락 모형 속에서 5·18에 대한 이데올로기 담론으로 변형되는 과정을 잘 보여주는 사례다.[32] 다른 한편 5·18에 대한 '망각의 정치'의 다른 한 축인 경제적 이익 추구에 대한 보상은 도로, 다리, 댐, 공장의 건설로 이어졌다. 이를 통해 호남 지역 주민의 피해의식의 근원을 차단하고, 영남 주민에 대한 나쁜 감정을 물리적인 교류를 통해 불식시킨다는 국가의 처방을 보여준다(전두환, 〈진도대교 준공식 치사〉, 1984.10.18.).

"오늘 준공한 이 영산호가 농업 발전의 상징이라면 광양만에 머지않아 자리 잡게 될 제2 종합제철은 공업 발전의 상징이 될 것이며 이 같은 농공병진의 발걸음은 88올림픽고속도로와 함께 **이 지역을 체계 있게 발전**시키는 견인차가 될 것입니다."(전두환, 〈영산호 준공식 치사〉, 1981.12.8.)

"이 고속도로는 **지역 간의 균형 발전이라는 의미**와 함께 매우 깊은 역사적 의미를 함께 담고 있습니다. …… 이와 함께 **마음의 고속도로도 활짝 열려 통합과 화합의 대로를 이루게 될 것**입니다."(전두환, 〈88올림픽고속도로 기공식 치사〉, 1981.10.16.)

그러나 실제 5·18 이전 호남 주민이 영남 주민에 대해 가진 '좋다, 싫다'의 감정은 갈등의 진원지로 파악될 만큼 유의미한 수준이 전혀 아니었다. 다음은 1977년 자료를 이용해 다른 지역에 대한 호남민의 호오도를 분석한 연구 결과다. 이 연구에 따르면 '호남 주민은 다른 지역 출신에 비해 영남 출신을 가장 선호했으며, 영남 주민에 대한 호감도는 내집단인 호남 출신과 비등한 수준'으로 드러났다.[33] 영남 출신 역시 호남 주민에 대한 부정적 평가는 여타 출신 지역민에 비해 낮은 수준으로 조사됐다. 이 같은 보고는 국가가 공식 담론의 영역에서 고집한 전제에 대해 근본적인 흠집을 내는 반증인 셈이다. 즉 호남 지역 주민의 피해의식의 근원인 지역 불균등 발전에 대한 불만이 영남에 대한 적대로 나타났다는 공식 설명은 아무런 실증적 근거가 없다. 심지어 지역감정이 폭발적 위력을 발휘한 정초 선거로 평가되는 1987년 대선과 1988년 총선 이후 진행된 조사 결과 역시 '호남인들은 영남인들에 비해 강한 상대 집단 거부감을 갖지 않는 것'(대구 42.6% : 광주 34.9%)으로 나타났다. 또 이 조사에서 발견된 배타성의 내용은 호남의 지역 배타성이 투표 행위에서 비롯된 정치적인 것인 반면, 오히려 영남에서의 지역 배타성이 호오도에서 비롯된 것으로 밝혀졌다.[34] 이 같은 연구 결과는 적어도 1970년대 후반까지는 나타나지 않았던 두 지역 간의 배타성이 1987년 대선 이후 발견되었으며, '어느 지역 사람들이 감정적으로 싫다, 좋다'는 호오도에 따른 강한 배타 성향을 보인 지역은 호남이 아닌 영남이었다는 사실을 증명한다. 그러므로 지역주의를 호남의 영남에 대한 고정관념과 피해의식에서 비롯된 갈등으로 전제하고, 이의 원인으로 지역 불균등 발전을 지목해 물질적 보상을 통해 이를 극복하겠다는 논리는 국가가 창조한 지역주의 신화의 스토리텔링에 불과하다. 이는 5·18이 경상도 군인으로 대표되는 영남 주민에 대한 오랜 질시와 증오에서 촉발되었으며, 이를 자극하는 불순분자의 배후 조종에 의해 종국에는 사적 이해를 폭발시킨 것으로 지목된 맥락과 연속성을 띠는 지점이기도 하다.

4. 그날의 광장을 사유하기
: 신화화된 공동체, 다시 읽기

이 장은 학살의 가해 집단인 신군부가 국가권력을 완전히 장악하면서 그들의 폭력을 정당화하기 위해 구사했던 담론 정치에 대해 논의했다. 그 경로는 제5공화국 당시 지배 권력의 통치 양식과 사회 구조에 주목해 '이데올로기적 담론 구성체의 생산, 재생산, 위기의 과정'을 추적하는 것이었으며, 이를 통해 국가가 창조한 지역주의 담론의 원형과 그 지배 효과를 가늠할 수 있었다. 우선 국가권력의 이데올로기적 구성체를 떠받치는 법적·제도적 구조물 정비는 숙정과 수용소 정치로 총체적 지배의 기반을 확보한 후 배제를 합법화하는 방식이었다. 더불어 이 시기 정치적 학살 정책의 본격적 양상을 드러내는 국가의 이데올로기적 담론 구성체는 '안정, 안보, 발전'을 지향하는 신군부의 이데올로기적 정향과 일치했으며, 그 대립항에 민주주의가 배치돼 있었다.

구체적으로 국가에 의해 정립된 지역주의와 5·18에 대한 맥락 모형 수용, 그리고 이의 전파를 위해 구사된 망각의 정치의 이데올로기적 담론 효과는 다음 세 가지로 정리할 수 있다. 첫째, 민주화 이전 영호남 지역주의는 국가의 정치적 수사인 측면이 농후하다. 이는 일차적으로 영호남 간 극심한 지역 갈등을 전제로 하고 있다는 점에서 유추할 수 있는 대목이다. 앞서 보았듯이 당시 영호남 간에 존재하는 것으로 가정된 지역 감정, 더 나아가 지역 갈등은 지역이라는 범주 내에서 지역민이라는 단일한 정체성을 공유하는 집단이 타 집단에 대한 배타적 감정을 정치사회적으로 표출한 갈등이라고 볼 수 없다. 또 지역 불균등 발전에서 기인한 호남 지역의 질시가 지역주의의 주된 내용이라는 국가의 진단은 이 지역의 피해의식만을 부각하는 전략이라는 점에서 고안된 담론의 성격을 내장하고 있다.

둘째, 사적 이해에서 발원해 국가를 위기로 몰아넣었다는 지역주의의 의미는 그것이 악의 표상이라는 국가의 정의와 밀접한 연관을 맺고 있다는 사실을 재차 확인할 수 있다.

영호남 간 지역주의라는 상상의 갈등에 반공주의를 더해 개인과 집단의 욕망을 위해 국가 위기를 자초한 지역으로 형상화된 것이다. 따라서 5·18은 지역주의가 국가의 적이라는 선포를 정당화하는 것과 동시에 호남이 지역주의 발현의 가장 나쁜 예로 지목되는 단초를 제공했다.

셋째, 국가가 제시한 지역주의는 '안정, 안보, 발전'이라는 이데올로기 담론 구성체에 하위 차원으로 결합된 담론으로 파악된다. 즉 국가의 안정, 안보, 발전을 위협하는 사익에 뿌리를 둔 지역주의는 각각의 이데올로기에 기생적으로 결합해 여러 형태로 변형될 수 있는 논리적 자원으로 이용되고 있다. 특히 5·18의 경우 지역 간 갈등으로 회자되었던 지역주의의 보편적 규정이 반공주의와의 본격적인 조우를 통해 혼란, 폭력, 위기의 상징으로 전환되어 반호남주의의 내용을 확정 지은 것으로 분석된다. 결론적으로 이 장에서 우리가 살피고자 했던 민주화 이전 5·18에 대한 국가의 기억은 혼란과 무질서, 폭동을 상징하는 '지역'에 갇혀 있음을 알 수 있다.

그렇다면 그날 이후 국가가 의도한 공식 역사를 거부한 사람들의 기억은 어떠했을까? 연구자들은 국가가 강제한 기억에 저항하는 다른 이야기들을 대항 기억이라 부른다. 또 이처럼 한 사건에 대해 공식 기억과 대항 기억이 충돌하는 양상을 기억 투쟁이라 일컫는다. 민주화 이전 5·18에 대한 기억 투쟁 역시 유가족, 부상자 등 당사자들 중심의 시민사회 영역과 관련 연구자들이 주도하는 공공 영역에서 치열하게 전개됐다. 여기서는 그동안 적지 않은 논의가 이뤄졌던 시민사회 영역의 대항 기억보다는 국가와 더불어 공적 기억 형성의 주요 행위자 중 하나로 분류되는 학자들의 시각을 중심으로 새로 쓰인 기억을 반추해본다. 앞서 살펴보았듯이 국가에 의해 봉쇄된 그 '지역'은 공식적으로 오랜 시간 축적된 타 지역에 대한 질시의 정서를 자극하는 불순분자들의 배후 조종에 휘말려 급기야 국가 위기 상황을 조성한 공간이었다. 이에 대한 기존 학자들의 대항 해석은 크게 두 가지 형태로 제시된다. 최정운의 '절대공동체'와 김상봉의 '항쟁공동체'가 그것이다.

먼저 5·18 연구사에서 선구적인 역작 《오월의 사회과학》을 남긴 최정운의 시선을 따라가보자. 그는 그 시절 5·18의 공간을 공수부대의 비인간적 폭력에 저항해 인간의 존엄성을 회복하는 과정에서 도래한 '절대공동체'라 정의한다. 자기보존적 본능을 극복한 위대한 인간이 동료 시민과 조우해 적과의 전쟁을 수행하는 절대적 주체로 나타났다는 것이다. 흡사 태초에 인간이 정치공동체로서의 국가를 형성한 것에 비견되는 이 절대공동체의 출현은 시민들의 의사가 '정당한 것'이라는 절대적 믿음에 기초한 주권의 등장을 의미한다.[35] 국가의 기억에서 배후 조정 세력의 음모에 부화뇌동하는 정치적 한정치산자限定治産者로 규정됐던 대중이 '국민주권'을 실현시킨 적극적 정치적 주체로 탈바꿈한 것이다. 또 사적인 원한과 지역이기주의에 포획되어 국가 위기를 조성했던 비국민들의 일탈이 상실의 위기에 처한 공동체의 윤리를 복원하는 연대의 결사체로 고쳐 해석된다.

한편, 최정운의 절대공동체를 비판하며 제시된 김상봉

의 항쟁공동체는 악으로 치달은 거짓 국가를 지양하고 참된 나라의 본질을 보여준 공동체로 형상화된다. 국가와 민중이 본질적인 전쟁상태에 놓여 있는 예외적 상황에서 출현하는 이 항쟁공동체는 저항하는 주체의 부름에 응답한 광장의 시민 모두가 서로 주체가 된 '만남 속의 자유'가 실현된 공간이다. 정작 폭도들이 혼란과 무법천지의 세상을 만든 것이 아니라 오히려 현존하는 국가의 위기를 목격한 저항 주체들의 고통과 부름에 응한 시민들이 질서와 평화, 연대로 결속된 국가의 본질적 진리를 항쟁공동체를 통해 예시했다는 선언이다.[36] 결과적으로 두 학자의 대항 기억 속에서 5·18은 극단적인 이기주의의 폐해로 무지와 무질서가 점철된 지역이라는 국가의 기억과는 정반대의 위치에 있다. 그날의 광장이 맞이한 공동체는 인간의 본원적 존재 기반을 사유하고 실천한 역사적 실체이자 자유로운 시민들의 절대적 결속을 상징하는 상상의 공동체로 재탄생된 것이다.

그러나 정치적 인간의 선언으로 출발한 최정운의 절대공동체는 이후 시민들에게 '전라도 사람' '광주 시민'이라는 협소한 의미의 구체적 정체로 재인식되며, 그러한 변화를 이끈 질료는 공동체의 경계에 대한 의식과 지역민들의 내면에 잠복해 있던 타 지역 사람들에 대한 본능적 배타심과 적대감으로 설명된다. 또 공수부대가 시 외곽으로 철수한 이른바 해방광주에 이르러서는 이 절대공동체가 이전 공동체, 혹은 현실에서 유래한 기층민, 노동자계급과 부르주아의 계급 인식으로 분화·충돌하는 양상에서 결국 각자의 선택으로 공존한 것으로 평가된다.[37] 시간의 흐름에 따라 옥죄어오는 존재 기반의 불안을 생존 그 자체의 이유로 합리화하는 인간의 사회성을 건조하게 배치한 통찰이다. 적어도 익숙한 사회적 관념의 틀 안에서는 말이다. 이렇듯 지역주의, 계급과 같은 사회문화적 인식을 어떤 일탈적 정치 현상의 유일한 설명 도구로 삼는 것은 일상 세계는 물론 학문 세계에서도 쉽게 빠져드는 익숙한 함정이다. 모든 것을 설명하지만 바로 그 이유로 인해 결국 아무것도 설명하지 못하기 때문이다. 최정운이 해석한 절대공동체의 고립의 계단 역시 마찬가지다. 공동체의 첫 번째 균열인 '전라도 사람' '광주 시민'이라는 협소한 의미의 구체적 정체는 인간의 존엄성을 존재론적으로 지각한 주체들의 등장 이후 순차적으로 인식된 균열이라 볼 수 없다. 그 이유는 두 번째 균열인 기층 민중과 지역 내 부르주아의 분리가 노동자계급의 자각으로부터 돌출되지 않고 중산층의 불안으로부터 시작된 것인 것처럼 '지역'을 선택하고 구별한 외부의 시선에서 유래한 인식이기 때문이다. 설명되어야 할 것은 불현듯 등장한 공동체의 성격과 그 공동체의 의미를 엮은 잊힌 주체들의 복원이지 영토적·지역적 분할에 덧씌워진 이데올로기와 각성된 정치적 집단으로서의 경계를 허물어뜨린 지역주의적 해석으로의 후퇴가 아닐 것이다. 달리 말해 절대공동체의 출현은 이미 그 자체로 시민이자 기층민이거나 국민이기도 했던 '인간들'의 연대와 저항을 의미한다.

　오월광장 공동체의 성격을 해명하는 과정에서 사라진 주체의 문제는 김상봉의 항쟁공동체에서도 발견된다. 그는 그날의 공동체를 해석하는 기존 논의들이 파리코뮌과 같은 보편적 논의에 광장을 대입하면서 오월공동체의 특수성을 읽지 못하는 한계가 있음을 비판한다. 그가 읽은 이 공동체만의 고유한 특성은 응답하는 주체들 간의 만남으로 이루어진 '서로 주체'의 저항연대이기 때문이다. 그러나 이 같은 항쟁공동체 형성의 내적 논리 역시 국가, 민중, 항쟁과 같은 보편 개념의 작동 원리로부터 추출되었음을 고려하면, 공동체의 성격에서 발견하고자 했던 특별한 그 무엇을 스스로 부정하는 듯한 논리 전개로 보인다. 무엇보다 이 항쟁공동체에는 그 특수성의 백미인 '서로 주체'의 현상을 일군 원인에 대한 해명이 없다. 바꿔 말해 항쟁공동체에서 설명되어야 할 특별함은 결과로서 드러난 서로 주체가 아닌 시민들이 공수부대의 무자비한 폭력 앞에서 인간의 자기보존적 본능을 극복하게 된 근본 원인일 것이다. 그런 의미에서 오월의 광주 혹은 전라도가 본래부터 정치적 각성이 뛰어난 지역이었다는 전제는 5·18의 과정과 결과를 원인으로 제시하는 또 하나의 신화일 수 있다. 더 근본적으로 이 항쟁공동체의 성원들은 저항의 부름에 응답하는 주체들로 형상화되지만, 바로 그 이유로 인해 오로지 항쟁에 복무하는 성원들로 대상화된다. 이는 어쩌면 한 개인을 이루는 다층적인 정체성을 거세한 집단, 지역공동체라는 단위에 내재한 해석의 본원적 한계일 수 있다.

이처럼 그날의 공동체를 타자화해 대상화, 절대화, 이상화하는 시선은 또 다른 학문적 편견의 양산으로 이어지는 근거가 되기도 했다. 예컨대 1987년 이후 호남 지역에서 빈번히 나타나는 투표 행위로서의 집단적 결집은 피맺힌 원한이나 오월광장의 연대에서 이어진 집단정체성의 발로로 곧바로 치환될 수 없다. 인과관계의 입증은 그럴듯한 예단을 버무려 주장만을 되풀이하는 것이 아닐뿐더러 투표 결집의 원인은 엄격한 방법론과 조사를 통해 경험적으로 증명해야 할 새로운 문제이기 때문이다. 사실 민주화 이후 호남 지역의 투표 결집에 대한 학문적 의문은 '그들은 왜 한 정당에만 투표하나?'보다 '그들은 왜 결코 한 정당에는 투표하지 않는가?'가 합리적이다. 가해자였거나 가해자를 계승한 정당에 투표하지 않는 행위는 정치심리학적으로 타당한 합리적 선택인 탓이다. 반대로 저항 과정에서 일부 시민들이 무기를 든 행위가 국가 전복을 꿈꾼 무장투쟁이나 기존 사회질서를 해체하기 위한 혁명이었다는 이상화 역시 오월공동체를 타자화해 절대화한 혐의에서 자유롭기 어렵다. 5·18을 부인하는 세력들에 의해 지목된 그가 '광수'가 아니기에 혁명의 화신이 되는 것은 아닌 까닭이다.[38]

그날의 광장과 그 뒤편에는 계급과 이해 충돌, 두려움과 용기, 저항과 투항, 숨죽인 흐느낌과 도피가 함께했고, 그 모두를 아우르는 것이 공동체의 실제 형상이었다. 각자의 선택을 존중하는 보이지 않는 경계와 질서가 연대와 평화로 이어졌고, 그곳에서 여전히 계속되는 일상을 지지했다. 이들은 국민이거나 광주 시민, 전라도 사람만이 아니라 여성이거나 대학생이거나 자영업자이거나 때로는 경찰이기도 했다. 또 그들은 총을 든 거리의 넝마주이가 무서워 피하거나 끝까지 항쟁의 진실을 붙잡고자 전남도청에 남기도 했으며, 마지막 《투사회보》를 가슴에 품고 탈출하거나 이 모든 것을 지켜보고 기록했던 푸른 눈의 외국인이기도 했다. 그렇기에 날것의 사실과 학문적 유희를 가미한 해석의 경계에 있는 현실의 공감각을 되살린다면, 우리는 이들 다양한 주체들의 이름을 되찾고 그 속에서 그들이 지향했던, 혹은 불화했던 살아 있는 공동체의 모습을 재확인할 필요가 있다. 버겁지만 그날의 공동체에 대한 해석은 역사의 기억공간에 전시된 박제화된 조형물을 비추는 것이 아니라 어쩌면 사람 사는 모든 세상에 자리한 갈등과 충돌, 한계, 그 너머를 사유하는 것이기에.

4장

학살은 왜 일어나나?

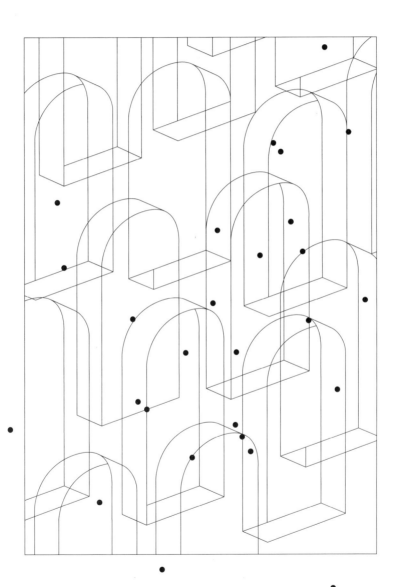

I. 격렬한 갈등이 학살을 부르는가?

제노사이드, 집단학살, 민간인 학살 등 학살에는 여러 이름이 있다. 이 글은 5·18을 정치적 학살politicide로 파악한다. 그 이름을 무엇이라 부르던 학살의 원인을 두고 만연한 세간의 가장 큰 오해는 아마도 '집단 간의 격렬한 갈등'이 불특정 다수를 죽음으로 내몰았을 것이라는 선입견일 것이다. 인종, 민족, 종족, 종교, 이념, 혹은 지역 간의 뿌리 깊은 갈등이 어떤 특정 정치적 계기를 통해 그 같은 비극적 결과를 가져왔을 거라는 손쉬운 예단인 셈이다. 이것을 정치사회학의 언어로 표현하면 '극심한 사회 균열이 정치적 학살 또는 제노사이드의 주요한 원인'이라는 가설이 된다. 과연 그럴까?

　좀 더 깊이 있게 들여다보자. 이처럼 한 사회에 이미 존재하는 갈등을 학살의 주요 원인으로 제시하는 시각을 다원적 사회 이론이라 한다. 이 같은 개념화는 이 이론의 최초 주창

자라 해도 과언이 아닌 레오 쿠퍼로 거슬러 올라간다. 제노사이드라는 개념을 처음 발명하고, 이를 국제법상 협약으로까지 현실화시킨 공로자인 쿠퍼는 학살의 구조적 기반을 '다원적 사회plural societies'라 밝힌 바 있다.[1] 지속적이고 만연한 분열로 점철된 다원적 사회에서 정치적 혹은 경제적 불평등이 종족적·종교적·인종적·사회경제적 차별 위에 중첩될 때 제노사이드의 발생 확률이 높다는 주장이다. 이에 대해 알렉산더 힌턴은 제노사이드를 경험하는 사회들은 심각한 '사회적 분열'의 특징이 있다고 언급한다. 그에 따르면 이 같은 사회적 분열은 분리segregation와 사회집단들에 대한 법적·사회문화적·정치적·교육적·경제적 기회의 차별 때문에 발생한다.[2] 헬렌 페인역시 '인종적 위계화'로 특정되는 사회가 민족적·인종적·종교적 기반의 대량학살에 더 취약하다는 견해를 제시한다. 즉 이이론이 주목하는 지점은 사회적 분열의 근원이 무엇이든 상대적으로 사회집단 간 결속, 신뢰, 관용이 결여된 파편화된 사회가 종種을 위협하는 학살의 발생에 가장 친화적이라는 통찰이다.[3]

물론 다원적 사회 이론이 사회적 분열이나 갈등이 직접적으로 학살을 유발하거나 학살의 유일한 원인이라 파악하는 것은 아니다. 대부분의 다원적 사회 이론가들은 분열된 사회가 학살의 발생 가능성을 높이는 주요한 배경이지만, 이것이 심각한 정치적·경제적 불안이나 위기, 급진적인 정치 엘리트가 지지하는 배제적 이데올로기와 같은 기타 요인들과 결합했을 때 제노사이드나 정치적 학살이 발생한다고 주장한다. 이 때문에 학살의 발생 요인 중 후자에 초점을 둬 국가적 위기 상황에서 급부상한 엘리트들의 유인incentive에 초점을 둔 정치적 기회 이론, 사회심리적 영향에 초점을 둔 희생양 이론, 특정 국가의 억압성을 기준으로 삼는 정부 형태에 관한 이론 등이 제출되기도 했다. 그러나 벤자민 발렌티노의 논의에 따르면, 국가 위기 시 정치권력을 공고히 하려는 엘리트의 선택과 유인에 초점을 둔 정치적 기회 이론과 위기의 분출구를 찾는 대중의 사회심리적 메커니즘에 초점을 둔 희생양 이론은 다음과 같이 비판된다. 모든 국가의 위기가 그와 같은 극단적 폭력으로 연결되지는 않을뿐더러 학살의 실행 요건으로 대중의 지지가 필수적인 것이 아니라는 것이다. 더불어 민주주의 정부가 전체주의 정권이나 공산주의 정권에 비해 학살의 빈도나 강도가 낮았다는 주장들은 그들의 연구가 해외 식민지나 외국과의 전쟁 시 벌어진 학살을 분석의 범주에 포함하지 않았다는 반론이 제기될 수 있다.

다원적 사회 이론 역시 비판의 지점이 없는 것은 아니다. 정치적 학살이나 제노사이드가 발생한 국가의 사회 균열이 그렇지 않은 국가보다 더 강력했다는 명시적인 근거를 제시하지 못했기 때문이다. 예컨대 다원적 사회 이론은 20세기 초반 러시아나 동부 유럽의 유대인, 미국 남부의 흑인들에 대한 사회정치적·문화적 차별이 히틀러 집권 이전 독일보다 훨씬 심각했다는 역사적 사실에 대한 충분한 설명이 생략되어 있다.[4] 무엇보다 이 이론들은 각각이 제시한 원인 변수를 다른 사례에 적용할 수 있도록 하는 일반화의 시도가 부족하다. 특히 특정 조건이나 요인에 대한 구체적 검증 노력을 발견하기 어렵다는 공통의 한계가 있다. 그중 가장 근본적인 논점은 앞서 언급된 이론들이 세간의 오랜 편견인 사회적 갈등의 격화가 학살의 주요 원인이거나 혹은 필수적인 조건이라는 전제에서 자유롭지 못하다는 지점이다. 그런 의미에서 5·18은 이같은 학문적·이론적·선험적 가정에 대한 결정적 사례Crucial Case라 할 수 있다.

주지하듯이 5·18은 학살이 발생한 여타 국가와는 달리 민족, 인종, 경제적 지위, 종교 등의 차이가 두드러지지 않는 공간에서 일어난 사건이었다. 그럼에도 국가는 사건의 주된 원인으로 잠재적 혹은 미약한 균열에 머물렀던 '지역주의'를 지목했으며, 이 과정에서 조형된 지역주의 담론이 5·18의 발생 요인을 설명하는 주요 담론 자원으로 활용되었다. 다시 말해 정치적 학살 이론의 관점에서 볼 때 5·18은 극도의 사회적 분열이 지속된 사회와는 거리가 먼 균일한 모델의 국가에서 발생한 학살 사건이며, 그 과정에서 국가에 의해 고안된 균열이 이후 주요한 균열로 부상하게 됐다는 의미에서 정치적 학살과 사회 균열의 관계를 살필 수 있는 결정적 사례의 지위를 지닌다. 이에 따라 뒤따르는 절에서는 기존 정치적 학살 이론에서 학살의 주요 원인으로 제시한 5가지 변수를 5·18의 사례에 적용해 각 변수의 타당성을 검토하고, 이 중 결정적 설명력을 갖는 조건이 무엇인지 확인한다. 이를 통해 학살의 원인과 조건을 밝히는 일반 이론의 확립에 한 걸음 더 다가가고자한다.

2. 정치적 학살 이론과 5·18

앞서 밝혔듯이 이 글은 5·18을 '정치적 학살'로 분류한다. 그 근거는 희생자들이 단지 인종, 종교, 국적과 같은 희생자의 특질이나 지역으로 구분되지 않아서가 아니라 '정권이나 지배 집단에 대한 정치적 반대'를 이유로 희생됐기 때문이다.[5] 정치적 학살 이론의 선구자인 바버라 하프와 테드 거에 따르면, 통상 집단학살을 통칭하는 법적 개념인 제노사이드와 정치적 학살의 차이는 '국가에 의해 특정된identified 집단 구성원의 성격'에 있다. 제노사이드의 희생자 집단이 '인종, 종교, 국적과 같이 그들이 지닌 공통의 특성'을 중심으로 개념화된다면, 정치적 학살의 피해자들은 '그들의 위계적 지위 또는 정권과 지배 집단에 대한 정치적 반대 여부'를 중심으로 정의되는 것이다. 즉 제노사이드와 정치적 학살의 정의에서 핵심적인 개념은 '희생자의 특성'이 아니라 '국가의 성격과 의도'이다. 따라서 "만약 비무장 민간인들이 고의적이고 체계적으로 살해됐다면, 심지어 그들이 저항단체rebels를 지지하더라도 제노사이드나 정치적 학살"이 된다. 더 나아가 이들은 이 같은 개념 정의를 바탕으로 제2차 세계대전 시기부터 1987년까지 44개의 제노사이드와 정치적 학살 사건을 검토해 ① 헤게모니적 제노사이드, ② 인종 배제적Xenophobic 제노사이드, ③ 보복적 정치적 학살, ④ 억압적 정치적 학살, ⑤ 혁명적 정치적 학살, ⑥ 억압적/헤게모니적 정치적 학살 등 총 6개의 유형으로 체계화한다. 각각의 유형에 대한 구체적인 설명은 다음과 같다.

첫째, 헤게모니적 제노사이드는 다른 인종, 종교, 또는 민족 집단을 중앙의 권위에 복종하도록 강제할 때, 예를 들어 신생 국가나 국가적 팽창 과정에서 권력의 공고화 기간에 일어나는 대량학살이다. 둘째, 인종 배제적 제노사이드는 희생자들을 이질적이고 위협적인 존재로 범주화해 사회 정화나 국가안보 같은 교의를 내세워 인종적, 종교적, 또는 민족적으로 뚜렷이 구별되는 집단을 제거하는 대량학살이다. 셋째, 보복적 정치적 학살은 과거의 특권이나 악행에 대한 적의로 인해 이전 시기 지배 집단 또는 영향력 있는 집단이 대상이 된 대량학살이다. 넷째, 억압적 정치적 학살은 정당, 파벌, 사회운동단체가 어떤 형태의 저항운동에 관여했기 때문에 대상이 된 대량학살이다. 다섯째, 혁명적 정치적 학살은 새로운 혁명 이데올로기를 부과하는 과정에서 계급적·정치적 적들을 살해하는 대량학살이다. 여섯째, 억압적/헤게모니적 정치적 학살은 인종적 또는 민족적으로 구별되는 집단이 어떤 형태의 저항에 관여했기 때문에 대상이 된 대량학살이다.[6]

이 중 5·18의 성격에 부합하는 억압적 정치적 학살의 실체를 좀 더 자세히 살펴보자.

'억압적 정치적 학살'의 사례들은 그 특성 면에서 광범위한 차이가 있지만, 크게 두 가지 변수로 설명할 수 있다. 하나는 공산주의 동조자들을 제거하기 위한 비밀 처형과 납치 작전이다. 이 사건들 대부분은 인도네시아, 과테말라, 엘살바도르, 칠레, 그리고 아르헨티나 같은 군사정권에 의해 수행

오월의 정치사회학

되었다. 두 번째 설명 변수distinctive variant는 여러 신생 아프리카 국가에서 확인된다. 새로이 권력을 쥔 통치자가 반대자로 의심되는 정치적 집단, 종족 집단의 일부나 전부를 극단적이고 철저하게 억압하는 경우이다. 이러한 사건들은 대부분 군대, 민병대에 의해 살인이 벌어지고, 수사기관과 조사기관의 재량권이 희생자들을 위해 군을 교체하는 것에 반하는 쪽으로 행사되기 때문에 특히 예측할 수 없고 치명적인 경향이 있다.[7]

이에 따르면 5·18은 명목상으로는 '공산주의 동조자들을 제거하기 위한' 것이었지만, 실제 학살의 성격은 '새로이 권력을 쥔 통치자가 반대자로 의심되는 일부 집단'을 살해한 억압적 정치적 학살이라 볼 수 있다. 한편, 바버라 하프가 제시한 정치적 학살의 주요 원인 변수는 ① 정치적 격변, ② 인종적 종교적 균열, ③ 낮은 경제발전, ④ 국제적 맥락: 경제적, 정치적 상호의존, ⑤ 이전 제노사이드들: 대량살해의 경험, ⑥ 정치제도: 배제적 이데올로기와 독재 통치 등을 꼽을 수 있다. 〈표 3〉은 각각의 변수가 제노사이드나 정치적 학살로 이어질 가능성을 수치화한 결과다.

〈표 3〉에 따르면, 6개의 변수 중 제노사이드의 경험과 정부 유형, 국제적 맥락이 가장 중요한 설명 변수임을 알 수 있다. 나머지 조건들도 정도 차이는 있지만, 모두 유의 수준 내에 포함돼 있다. 결과적으로 이 중 한국의 상황과 걸맞지 않은 지배 엘리트의 인종적 특성을 제외하고는 대체로 변수로서의

〈표 3〉 최종 제노사이드 모델 결과

변수	높은 위험지수의 국가들	낮은 위험지수의 국가들	Odds Ratio (승산율)	Coefficient (계수)	p Value (유의 수준)	단일 리스크 지수일 경우 제노사이드 가능성
정치적 격변 (이전 제노사이드 제외)	고	저	1.70	.048	.05	.047
이전 제노사이드	1955년 이전 제노사이드	없음	3.38	1.220	.09	.090
지배 엘리트의 이데올로기 정향	배제적 이데올로기	배제적 이데올로기 아님	2.55	.937	.07	.069
정부 유형 (Regime type)	독재국가	부분적 또는 완전한 민주주의	3.50	1.223	.03	.090
지배 엘리트의 인종적 특성	소수 인종의 대표	대부분의 모든 집단 대표	2.56	.339	.09	.069
무역 개방도	고	저	2.58	-1.242	〈.01	.070

• 출처: Barbara Harff, "No Lessons Learned from the Holocaust? Assessing Risks of Genocide and Political Mass Murder since 1955", Ibid., p.66.

설명력을 확보했다고 볼 수 있다. 따라서 이 글은 위 표에 소개된 설명 요인 중 정치적 학살의 구조적 조건으로 '① 정치적 격변, ② 내부 균열, ③ 국제적 맥락: 경제적, 정치적 상호의존'을, 주체적 조건으로 '① 정치제도: 배제적 이데올로기와 독재 통치, ② 이전 제노사이드들: 대량살해의 경험'을 상정한다. 이 같은 분류는 학살의 원인 분석에 있어 해당 사례가 지닌 고유한 특성과 역사적 특징이 더 중요한지, 아니면 구조적 요건이 더 중요한지 파악할 수 있는 이점이 있다. 다만 이 장에서는 이 글이 단일 사례를 대상으로 한 것임을 감안해 구조

오월의 정치사회학

적 조건을 중심으로 1987년 6월항쟁과의 비교를 통해 분석의
정합성을 높인다.

3. 쿠데타, 사회적 갈등, 그리고 미국의 선택

〈표 3〉에서 정치적 학살의 필수 조건으로 제시된 '정치적 격
변'은 결국 정치적 위기의 규모 문제다. 사회정치적 갈등이 지
속적이고 극렬할수록 위협적인 정체政體를 가져오기 쉬울 뿐
아니라 더 극단적인 수단을 기꺼이 활용하게 되는 경향이 있
기 때문이다. 따라서 격렬한 폭력적 갈등과 적대적인 정권 교
체로의 강도가 높을수록 제노사이드와 정치적 학살로 이어
질 확률이 높다. 예를 들어 쿠데타의 경우 지배 엘리트의 총체
적 교체를 포함할 때 근본적인 사회 변화를 초래할 가능성은
더욱 커지게 된다. 그중 특수한 사례에 속하는 '합법적으로 선
출되거나 임명된 정치 엘리트가 극단적인 이데올로기를 지지
하는 경우'는 '급격한 구조적 변화가 시도되지 않지만, 권위에
대한 절대복종을 요구하는 총체적인 통제를 지향'하는 경향
이 있다.[8]

이를 5·18 발생 전후 한국의 사례에 적용해보자. 우선
1979년 10·26 이후 한국의 정치 상황은 민주화 세력과 이를
저지하고자 했던 군부 내 강경파와의 힘의 대결이 펼쳐진 정
치적 격변기라 해도 무리가 없을 듯하다. 그러나 실제 대항 폭

력의 강도나 규모가 체제 위기를 불러올 정도로 격렬했는가 하는 부분에서는 그렇지 않다는 것이 정답에 가깝다. 1970년 대 재야 민주화운동의 구심이었던 '민주주의와 민족통일을 위한 국민연합'은 비록 상징적 명망을 유지하고 있었지만, 자체의 투쟁 역량 면에서는 미미한 수준이었다. 또 학생운동 진영은 유신 시기를 거치며 송두리째 사라진 학생회 복원 등 주로 학원 민주화 투쟁에 집중하는 온건한 양상을 보였다.[9] 물론 1980년 5월 2일 병영 집체 훈련 거부 대신 계엄령 해제 등 정치 투쟁으로 방향 선회를 택한 서울대 학생들의 시위 이후 학생운동 진영의 민주화 요구가 전국 각 대학으로 확대되는 변화를 보이기도 했다. 하지만 1980년 5월 15일 이른바 서울역 회군, 1980년 5월 16일 전국대학총학생회장단의 교내 및 가두 시위 중단 결의로 이마저도 소강상태에 머무르고 만다. 때를 같이해 종교계, 언론계, 학계에서 잇따른 계엄 해제 촉구 성명, 신민당은 물론 당시 여당이었던 공화당까지 가세한 제도 정치권의 계엄령 해제를 다룰 임시국회 개원 합의(1980년 5월 20일) 등이 이뤄졌지만, 갈등의 파고를 높이는 거센 대항 폭력과는 거리가 먼 수준이었다.[10]

이에 대한 권력 블록의 대응은 포고령 10호, 1980년 5월 17일 자정을 기한 전국 비상계엄 선포였다.[11] 1980년 5월 17일 오전 11시, 국방부 회의실에서 열린 전국 지휘관 회의에서 비상계엄 전국 확대, 국회 해산, 국가보위비상대책위원회 설치 등을 골자로 한 조치였다. 이날 발령된 5·17 비상계엄 확대 조치는 '북괴의 동태와 전국적으로 확대된 소요'에 따른 것으로 공표됐지만, 앞서 밝혔듯이 소요는 잠정 중단된 상황이었으며 북의 위협 역시 그 근거를 어디에서도 찾을 수 없었다. 이에 대한 당시 미국 측 관계자의 전언은 다음과 같다.

> 1980년 5월 12일(한국 시각 5월 13일-인용자), 전두환이 위컴에게 갑자기 북한의 남침 위협설을 제기했지만, 이를 보고받은 미 국무성은 즉각 부인했으며, 몇 년 후 한국의 한 정보 장교는 보고서 작성에 전두환의 압력이 있었음을 실토했다.[12]

이 지점에서 우리는 실제 위기의 정도와 그 위기를 측정하는 정권 담당자들의 인식 사이에 놓인 거리를 엿볼 수 있다. 이는 두 가지 경우의 수로 해석할 수 있다. 첫째, 실제 위기의 강도가 1단계라 할지라도 정치 엘리트들이 이를 5단계에 해당하는 위협으로 인식한다면 실체적 위협과는 별개로 5단계의 대응이 선택될 수 있다. 무지와 오판으로 인한 정책적 실수인 경우다. 둘째, 반대로 1단계에 해당하는 위기를 정권 담당자들이 있는 그대로 감지했다 할지라도 정치적 필요에 의해 절체절명의 위기인 것처럼 과장해 이에 따른 비상 조치를 정당화하는 경우다. 1980년 5·17 비상계엄 확대는 정권 담당자의 위기 인식과 이에 대한 대응이라는 면에서 볼 때 후자의 측면이 작용된 표준적인 예다. 즉, 5·18 발생 직전 12·12와 5·17쿠데타에 이르는 일련의 정치적 격변기 중 1980년 5월 16일까지의 정치 상황은 국가 차원의 위기가 아닌 유신체제의 복원을 획책한 세력의 위기였다. 이들은 이러한 정권 차원의 위기를 돌파하기 위한 1차 수단으로 '안보' 위기를 활용했다. 이는 'K-공작계획'과도 연결되는 지점으로 당시 민주화 세력 우위의 세력 관계를 역전시키기 위해 안보 중점 세력을 주로 이용했음을 보여준다. K-공작계획은 보안사 언론대책반장 이상재 준위가 작성한 것으로 'K'는 'King'의 첫 글자를 따 전두환 보안사령관을 대통령으로 추대한다는 의미를 담고 있다. 다음은 그 주요 내용 중 일부를 발췌한 것이다.

2) 방침: 오도된 민주화 여론을 언론계를 통해 안정세로 전환하고, 언론계의 호응 유도에 주력한다. 3) 현 상황과 목표: 현 상황은 민주화 위주 세력이 안정 세력보다 약간 우세하다고 판단, 향후 공작을 통한 전환 목표로 '민주화 부분을 열세로, 안정 부분을 우세로 전환', 시국관에 의한 정치 세력의 유형은 민주화 위주 세력과 안정 위주 세력을 안보 중점 경제 중점으로 구분한다. ...... 8) 참고 사항: 본 계획은 고도의 보안이 요구됨으로 'K공작'으로 약칭, 공작 수행 과정에서 수정 및 보충이 요할 때에는 사전 사령관의 재가를 득한 후 실시한다.[13]

신군부가 5·17 비상계엄 확대 조치의 또 하나의 명분으로 내세운 '전국적으로 확대된 소요', 즉 내부의 위기 역시 앞선 논의와 같은 맥락에서 이해할 수 있다. 반면 1987년 6월의 정치 상황은 저항의 강도 면에서 볼 때 체제 위기 수준이라 볼 수 있다. 대항 투쟁 방식에서 1980년 5월은 최소주의와 최대주의로 나뉘어 분열되어 있었으나 1987년은 재야와 제도 정치권까지 힘을 합쳐 거리에서 투쟁하는 최대주의로 결집했기 때문이다.[14] 더 근본적으로 1980년 당시 쿠데타의 성격은 기존 지배 정치 세력을 거스르는 적대적 정권 교체의 과정이 아니었다. 또 지배 엘리트의 총체적 교체를 포함한 쿠데타도 아니었다. 당시 정치적 위기는 일종의 친위 쿠데타에서 출발해 이에 대항하는 세력에 의한 체제 재생산의 위기를 폭력적 수단으로 해결하는 수동 혁명의 과정이었다. 이는 결과적으로 다수 민주화 세력을 억누르는 억압적 체제의 유지로 완결되었다. 따라서 이러한 정치적 위기를 해결하는 과정에서 가장 극단적인 폭력인 정치적 학살이 발생하고, 총체적인 통제를 지향하는 사회로의 회귀가 이루어진 것은 폭력의 정도나 규모, 혹은 실제 위기의 수준에서 말미암은 것이라 보기 어렵다. 오히려 민주화 세력에 반하는 수동 혁명의 성격과 뒤에서 논의할 '억압성의 정도'가 더 중요한 요인으로 판단된다.

1980년 한국의 정치 상황은 산발적이었지만 지속적이었던 민주화의 요구가 독재자의 부재로 자연스럽게 분출되는 상황이었다. 이러한 세력 관계를 뒤집기 위해 1961년 5·16 이후 총 18년에 육박하는 억압적 정체의 경험은 극단적인 폭력도 거리낌 없이 활용할 수 있는 주요한 조건이 되었다. 특히 불과 몇 달 전 독재자가 건재했던 당시 부마항쟁에서의 폭력 사용 경험은 4·19 이후 학살이라는 초유의 정책 결정이 수동 혁명의 연장선에서 충분히 고려될 수 있는 수단이었음을 보

여준다.[15]

제노사이드와 정치적 학살 발생의 두 번째 요인인 '집단 간 투쟁의 역사로 점철된 극심한 내부 균열'은 "경쟁 그룹의 내부 일체감이 높을수록 상대에 대해 극단적 해결책을 선택할 가능성이 높다"는 가설로 집약된다. 바버라 하프에 따르면, 이러한 균열은 보통 종교, 가치, 전통, 이데올로기 등의 차이로 인해 심화된다. 또 기존 사회정치적 균열은 국가 위기 상황에서 이전 시기보다 강화된다. 이 과정에서 제노사이드나 정치적 학살의 희생자들은 그 정체성 면에서 지배 집단과 유사한 사람들보다는 뚜렷이 구별되는 집단이 선택될 확률이 높다. 일반적으로 '종교, 문화, 부, 교육, 이데올로기의 차이'가 제노사이드 대상으로 지목되는 결정 요인이 된다. 이러한 사회 균열은 이미 존재하는 것이기도 하지만 경우에 따라 새로운 엘리트에 의해 유인되기도 하는 특성이 있다. 예를 들어 캄보디아의 희생자 집단은 새로운 정권에 반대하는 모든 세력이었으며, 구소련의 경우는 부농이었다.[16]

이러한 학문적 가정을 1980년 5월 한국에 대입해 내부 균열과 정치적 학살 발생의 상관관계를 추적해보자. 우선 1980년 당시 한국의 사회 균열[17]은 지역(주의), 도농 간의 균열과 같은 전통적 사회적 특징에 의한 균열과 이념, 계층의식 중심의 세계관 및 의식에 따른 균열로 구분할 수 있다. 관건은 이러한 사회 균열 중 정치적으로 활성화된 균열, 바꿔 말해 정치 균열이 무엇이었으며, 그 원인과 영향이 무엇이었느냐일 것이다. 주지하듯이 이 시대의 당면 화두는 '유신체제의 복원이냐 민주화의 진전이냐'였으며, 이에 따른 이념 갈등이 주된 사회 균열이었다. 이는 1987년 당시도 마찬가지였다. 그러나 균열의 강도나 폭의 측면에서는 6월항쟁 시기의 내부 균열이 훨씬 심각한 수준이었다. 그럼에도 1980년 5월에는 정치적 학살이 발생했으나 1987년 6월에는 민주주의 체제로 이행하는 상반된 결과가 나타났다. 이는 정치적 학살의 원인으로 '극심한 내부 균열의 존재'가 그리 큰 설명력을 획득한 변수가 아니라는 근거로 활용될 수 있다.

다음으로 "경쟁하는 집단 사이의 내부적인 일체감이 높을수록 상대방에 대해 극단적인 조치를 취할 가능성이 높다"는 명제 역시 꼼꼼히 따져볼 필요가 있다. 먼저 1980년과 1987년의 내부 일체감을 비교해보자. 익히 알려져 있듯이 5·18 당시는 지배 집단 내부의 일체감은 높았고, 민주화 세력 내부의 결속력은 낮았다. 반면, 6월항쟁 시기는 지배 집단 내부의 일체감은 여전히 높은 수준이었으나 민주화 세력의 결속력 역시 1980년과 달리 지배 엘리트보다 높았다. 구체적으로 1980년 봄 신군부는 12·12쿠데타로 지배 블록 내의 반대 세력 내지 온건 그룹을 이미 무너뜨린 상태였으며, 따라서 신군부를 중심으로 강한 응집력을 발휘할 수 있는 조건이었다. 이에 비해 민주화 세력은 학생운동을 중심으로 한 재야 세력과 정치권 간의 결집이 이뤄지지 못했으며, 이들 각각의 내부 응집력마저도 확보하지 못하는 상황이었다.[18] 이 경우 앞선 가정대로 경쟁하는 그룹 간 내부 일체감의 정도가 극단적 조치의 확률을 높인다면, 지배 집단의 일체감이 높고 저항 그룹의 일체감이 낮을수록 정치적 학살의 실행력이 커진다는 첫 번째 설명이 가능하다. 그러나 이 같은 해석은 경쟁하는 그룹의 일체감이 낮음에도 불구하고 정책 결정자가 굳이 정치적 학살이라는 고비용의 최종 선택을 취할 이유가 없다는 점에서 정책 합리성을 간과한 문제가 있다. 또 1987년의 상황은 이에 대한 직접적인 반증이 된다. 지배 집단과 저항 그룹 모두의 일체감이 높았음에도 '6월 20일 0시를 기한 위수령 발동'이 기획되었기 때문이다.[19]

그렇다면 지배 집단의 일체감 정도보다는 저항 그룹이나 '경쟁하는 그룹 간 일체감'이 정치적 학살 실행의 중요한 변수라는 두 번째 경우의 수를 고려해볼 수 있다. 하지만 이 경우 역시 설명력을 확보하려면 경쟁하는 그룹의 일체감이 높았던 1987년 6월에 오히려 학살이 (또는 그것의 실행 의도가) 있었어야 하며, 1980년 봄에는 학살이 (또는 그것의 실행 의도가) 필요치 않았어야 한다. 이쯤이면 '과연 경쟁하는 집단 내부의 일체감이 학살 실행의 조건으로서 설명력을 갖췄느냐?'의 문제가 대두된다. 실제로 이러한 시도를 가로막은 것은 각 그룹의 일체감 정도가 아니라 미국의 압력으로 대표되는 외부 변수였다. 나아가 쿠데타나 대규모의 조직적 시위로 인해 정권의 생존이 위협받는 정치적 격변의 상황에서 내부 응집력이 높은 모든 지배 블록이 학살을 기획하거나 실행하지는 않는다. 이는 뒤이어 살펴볼 정권의 억압성이나 학살의 역사적 경험과 같은 주체적 조건과의 관계 속에서 비로소 해명될 수 있는 영역이다.

한편, 하프의 명제에서 정치적 학살의 대상을 결정하는 주요 인자로 규정된 '지배 집단과의 차이 정도'와 '지배 엘리트에 의한 잠재적 사회 균열의 유인 여부'는 좀 더 세밀한 분석이 필요하다. 앞서 언급한 것처럼 1980년 한국에서 일어난 정치적 학살의 대상은 지배 집단과 인종적, 종교적, 문화적으로 구별되지 않는 집단이었다. 굳이 차이점을 꼽자면 이념과 '광주'라는 지역 구분을 들 수 있겠다. 하지만 이념 차원의 민주주의 대 권위주의의 갈등마저도 지역이라는 구분선에 의해 구획된 균열이라 보기는 어렵다. 이는 학살 대상으로 '광주'라는 지역이 특정된 의미를 정밀하게 해석할 필요성이 있음을 뜻한다. 아마도 이 문제를 판단하는 준거는 그것이 '의도된 것이었는지' 아니면 '의도하지 않은 우연한 계기에 의한 것이었는지'일 것이다.

하지만 가해자의 고의성 여부는 '신군부가 대규모 폭동 사건을 계획해 강도 높게 진압함으로써 위기의식과 공포 분위기를 조성하는 시나리오를 의도적으로 광주에서 실행한 것'이라는 사전 계획설의 진위를 판가름의 기준으로 삼아야 하는 것은 아니다.[20] 그와 같은 사실에 대한 증명이나 추론보다는 오히려 '학살 당시 이전 시기 잠재해 있던 지역 균열의 유인을 시도했느냐?'에 방점을 두는 것이 정치적 학살 이론의 시각이다. 3장에서 살펴보았듯이 1980년 당시 신군부가 계승한 이데올로기적 담론은 안보와 발전, 안정 이데올로기였다. 여기에 새로이 고안된 지역의 의미가 결합되면서 완결된 형태의 이데올로기 접합이 이뤄진다. 신군부는 5·18을 '외부 세력'과 '과격 세력' '폭도'가 주도했고, 소외의식과 한을 가진 지역민이 이에 동조했다는 설명을 반복했다. "상당수의 타 지역 불순 인물 및 고첩들이 사태를 극한적인 상태로 유도하기 위하여 …… 계획적으로 지역감정을 자극, 선동하고 난동 행위를 선도한 데 기인한 것"이라는 계엄사령부의 1980년 5월 21일자 담화문이 대표적이다. 또 '400대 가까이 파손된 차량 가운데 유독 경상도 번호판 단 두 대만을 부각시키는 등 이미지 조작을 통해 지역감정을 동원'하려 했던 언론의 보도 태도 역시 마찬가지였다.[21] 바로 지역주의 담론이다. 이로써 5·18을 지역주의로 가두는 잠재적 이데올로기의 활성화가 시작된 것이다. 다시 말해 광주, 혹은 전라도라는 지역의 개념적 범주화는 '지배 엘리트에 의한 잠재적 사회 균열 유인'의 출발선이라는 의미를 담고 있다. 결론적으로 정치적 학살의 원인 변수 중 하나로 채택된 사회 균열은 독립 변인으로서의 설명력은 그리 높지 않은 것으로 판단된다. 오히려 극단적 폭력의 정당화 과정에서 지배 엘리트에 의해 유인된 잠재적 사회 균열의 활성화라는 측면에 주목할 때 폭력의 원인보다는 폭력의 결과나 효과로 보는 것이 타당하다.

　　제노사이드와 정치적 학살을 유발하는 세 번째 요인은 '살인 정권에 대한 외부 세계의 지원 또는 견제 결여'이다. 사실 개입 능력 자체가 없는 경우를 제외하고, 자국의 이익과 직접적인 관련이 없는 한 외부 개입이 행해진 사례는 발견하기 어려운 것이 국제정치의 역학이다. 이 때문에 '대외 정치적 상호의존도'보다는 '대외 경제적 상호의존도'가 정치적 학살을 저지할 수 있는 국제적 행위 의지의 추동 자원으로 더 중요하게 취급된다. 또 대부분 사례에서 "가해자들을 반대하는 국제 공동체의 경고 부재는 (제노사이드의 행위 주체인) 엘리트들에게 국제적 반격 없이 대량살해를 실행해도 된다는 신호"가 되기도 한다.[22]

1980년 5월 한국의 경험은 국제적 맥락의 중요성을 잘 보여주는 사례다. 제2차 세계대전 이후 자타공인 패권 국가로 등장한 미국의 책임은 동북아 안보의 최전선인 한국의 구조적 조건과 연계돼 5·18 직후부터 끊임없이 제기되어왔다. 구체적으로 '1980년 5월 초순 신군부의 대민 군사 행동 계획에 대한 사전 동의, 광주의 유혈사태 이후 20사단의 추가 투입 승인', 1980년 5월 23일 육군참모총장 명의의 "소요사태 확대에 대비, 광주 지역 질서 유지를 위해 5월 23일 12:00부로 33사단 1개 대대의 작전통제권 이양을 요청하는 부대 사용 협조문"에 즉각 승인 전문을 보낸 한미연합사령관의 행보 등이 밝혀지면서 논란은 더욱 거세졌다.[23]

이 같은 미국의 태도는 인권 우위 대외 정책에 방점을 둔 것으로 익히 알려진 카터 행정부의 정책 방향에 정면으로 배치되었다는 점에서 더욱 의문이 증폭되는 사안이었다. 이에 대한 기존 논의는 카터가 재임 초기에는 군사력과 경제력이 혼합된 헤게모니 체제의 유지 자체보다 인권 외교를 중시하다 후반기에 들어서 군사적 봉쇄주의로 전환했다는 분석이 지배적이다.[24] 소련의 팽창 정책과 미국 내 정계의 보수화로 말미암아 인권을 우선시하는 자유주의적 대외 정책이 후퇴할 수밖에 없었다는 설명이다. 그러나 실제 카터 정권의 대외 정책은 출범 초기부터 이중성을 지녔으며, 그나마 동북아 지역은 애초부터 인권 외교의 대상이 아니었다. 새 행정부 출범 첫달 내내 미국 국무부는 모든 국가의 모든 사안에 대해 인권 문제를 제기하고 제재하는 것으로 비쳤지만, "전략적으로 중요한 한국은 국무장관 사이러스 밴스의 압력으로 제외"된 것이다. 인권 문제가 제기된 나라는 체코, 이언 스미스가 이끄는 소수 백인 정부의 로디지아(현 짐바브웨), 테러 정권으로 악명 높았던 이디 아민의 우간다, 아르헨티나, 우루과이, 에티오피아 등 전략적 중요성이 덜한 지역에 국한됐으며, 무시해도 좋을 정도의 이해관계에 있는 국가의 인권침해에만 비난이 집중되었다.[25] 즉 한반도의 전략적 중요성은 카터 집권 초기부터 단 한 차례도 소홀히 여겨진 적이 없었다. 특히 일각에서 인권 외교의 상징으로 파악하는 카터의 주한미군 철수 정책은 그 스스로 1977년 4월 27일 국가안보회의에서 밝혔듯이 '미국의 대한 안보 공약의 불변'을 전제한 지상군의 감축 정책이었으며, 이것이 방위 전력의 축소를 의미하는 것은 아니었다는 점에 유의해야 한다. 이는 '주한미군 보유 장비 무상 제공, 추가적인 대외 군사 판매 차관, 한국군의 현대화를 위한 지원'이 지상군 철수에 따른 보완 조치로 발표됐다는 점에서도 확인된다.[26] 따라서 카터 집권 후기 도래한 신냉전은 임기 초기부터 지속된 봉쇄군사주의자들의 압박 등 미국 내 정치환경의 영향과 국제 정세의 역동성에서 온전히 유래한 정책 기조의 변화로 보기 어렵다. 이보다는 1970년대 미국 헤게모니 성숙 단계에서 시도된 경제력 우위 체제 재편에 제동이 걸린 상황으로 파악하는 것이 적절하다.

이 같은 미국의 헤게모니 체제 전환 시도는 삼각자주의 자들의 목표와도 직결된다. 1973년 데이비드 록펠러, 즈비그뉴 브레진스키 등이 주축이 되어 설립한 '삼각위원회Trilateral Commission'가 추구한 미국의 새로운 대외 정책 노선이 '국경선과 정치적 이데올로기를 넘나드는 상호의존적 국제 환경을 강조'하는 세계경영주의global managerialism였기 때문이다. 이들은 제2차 세계대전 이후 국제사회를 주도한 기존 냉전적 시각을 탈피해 "선진 자본주의 국가들과 제3세계 원료 생산국들, 공산권까지 포함한 협조와 공존의 국제질서인 세계 공동체의 구축"을 실현하고자 했다.[27] 이에 따라 카터 정권의 정책 전환은 외형상 인권 외교의 후퇴로 상징되는 급진적 변화로 보이나 실은 기존 파이 조각이라도 지키는 쪽으로 물러서게 된 것이라고 볼 수 있다. 다시 말해 중국과의 우호적인 관계 정립, 소련과의 군축 협상을 통해 점증하는 안보 비용을 감소시키고, 미국 독점자본의 활동 영역을 넓히려는 시도가 소련의 팽창 정책과 이란 인질 사태 등 국제 정세의 추동과 이에 따른 국내 정치 내 힘의 역관계의 변화로 인해 일시적으로 좌절된 것이다. 이에 따라 카터 집권 후반기 동북아 정책 변화는 남한 정치의 국내 불안 요소를 해소해 기존 시장의 안정성을 추구하는 방향으로 일차적 목표 전환이 이루어진 것으로 분석된다.

결과적으로 이 같은 미국의 동북아 정책 맥락에서 한국

정치의 불안정은 안보상의 위기를 가져올 수 있는 위협 요인으로 인식될 수밖에 없는 조건이었다. 1980년 5월을 전후한 미국의 대한 정책의 최우선 목표는 1950년 이후 줄곧 이어져 왔듯이 남한 정치의 안정이었다. 이는 카터 재임 후반기 미국의 이권이 관철되어야 하는 지역을 분류하면서 '중국, 한국, 타이완, 베트남, 사우디아라비아, 이집트, 이스라엘 등이 무제한적 안보지대'로 확정됐다는 사실에서도 일관되게 드러나는 지점이다. 그런 의미에서 국제문제 전문 저널리스트 커스틴 셀라스의 지적은 타당하다.

> 카터가 인권 때문에 무역과 안보를 희생시킨 적이 없었음에도 불구하고, 많은 사람들이 그것을 진실이라고 믿었다.[28]

실제로 리처드 홀브루크 미국 국무부 차관보는 계엄군의 광주 시가지 재진입을 위해 '상무충정작전'이 결행된 직후인 1980년 5월 29일, 고위 정책재검토회의에서 다음과 같이 주장했다.

> 상황이 보다 분명해질 때까지 신군부를 비난하는 성명 발표를 자제해야 하며, 신군부가 민간 정치인들과 대화하지 않고, 더 폭넓은 지지를 받는 정부 형태로 복귀하지 않는 것을 공식적으로 비판해서는 안 된다.[29]

신군부의 권력 탈취와 학살을 묵인하면서도 표면적으로

는 주둔국의 정치 발전을 주문하는 이중 정책의 본질을 보여주는 장면이다. 이 같은 미국의 선택은 무역과 안보라는 두 마리 토끼가 최우선적 고려 대상이었던 미국의 동북아 정책 기조에서 예정된 것이나 다름없었던 셈이다. 당시 미국 행정부의 동북아 정세 인식은 앞서 언급했듯이 '삼각주의자'들로 대표되는 미국 독점자본 세력의 이해와도 상충하지 않았다. 1980년 봄 해외 독점자본들은 투자 여건 악화를 이유로 한국에 차관 등 추가 재원 공급을 중단한 상황이었다. 이들 중 한 관계자는 '학생과 노동을 통제하는 강력한 정부가 나와 모든 것이 꽃피어 나고 우리가 계속 이윤을 창출할 수 있게 되는 것이 바람'이라고 공언한 바 있다.[30] 때를 같이해 카터는 5·18 직후 미국 수출입은행 총재인 존 무어를 서울로 파견해 '신군부에 대한 미국의 경제적 지원이 지속될 것'이라 확약했다. 또 소위 5·18의 배후 김대중에 대한 사형 선고 이후 국제 금융자본의 대표로 전두환에게 감사 예방을 한 데이비드 록펠러는 한국에 국제신용도의 회복과 함께 6억 달러의 신규 차관을 선물했다.[31]

이상의 논의를 정리하면 학살의 독립 변수로서 경제적 상호의존도의 영향력은 분명해 보인다. 그러나 〈표 3〉에 나타난 바와 같이 이것이 꼭 긍정적 방향으로 개입을 유도하지는 않는다. 패권 국가의 국익이 어느 방향이냐에 따라 정반대의 결과를 낳을 수도 있는 것이다. 1980년대 전반기와 후반기를 아우르는 한국의 경험은 그 단적인 예이다. 5·18 이후 신군부는 미국의 공식, 비공식 지지로 얻은 생존보증서를 국내외적으로 재량껏 활용했다. 하지만 1987년에는 미국의 반대로 학살의 비극은 반복되지 않았다. 1987년 6월 23일 한국에 방문한 미국 국무성 동아시아 담당 차관보 개스턴 시거는 '여야 대화 촉구'와 더불어 '한국 군부의 시위 개입에 대한 반대 의사 표시'를 명확히 했다. 뒤이은 1987년 6월 28일 미국 상원은 한국의 민주화 관련 법안을 통과시켰으며, 다음 날 한국에서는 6·29선언이 발표됐다.[32] 1980년 당시 외형상 불개입을 통한 묵시적 동의로 안정을 추구한 미국이 1987년에는 한국 정치에 명시적으로 개입함으로써 안정을 추구한 것이다. 이에 대해 브루스 커밍스는 필리핀, 한국 등 아시아 권위주의 국가에 대한 미국의 정책이 1986년 말 무렵부터 "제한된 형태의 민주주의를 지지하는 쪽"으로 변화했기 때문이라 분석한다.[33]

결론적으로 정치적 학살의 독립 변수로서 경제적 정치적 상호의존도의 영향력은 경제적 상호의존의 우위에 있는 국가가 안정을 추구하는 방식의 문제나 개입 양식의 변화에 달려 있다고 할 수 있다. 우리의 경우 군부정권으로의 회귀냐, 민주주의의 진전이냐는 미국의 대한對韓 정책 결정 요소에서 부차적인 고려 요인이거나 의도치 않은 결과였을 뿐 최우선 가치의 정책적 고려 대상은 아니었다. 미국이 1980년 군부권위주의 지도자들의 득세를 저지하지 않고, 심지어 학살까지 방조한 것은 동북아의 안정 유지에 개입보다는 묵시적 동의가 더 유리하다는 현실주의적 선택이었다. 마찬가지로 1987년 민주주의의 거센 파고에 휘말린 한국의 정치 상황에 적극적으로 개입한 것 역시 미국의 국가 이익 차원에서 안정의 최소 비용

오월의 정치사회학

을 계산한 결과라 볼 수 있다. 당초 전두환 정권의 발상은 '위수령 발동'을 통해 또 한 번의 수동 혁명으로 정권의 위기를 돌파하는 것이었다.

4. 군부권위주의와 전쟁이 남긴 유산

정치적 학살의 첫 번째 주체적 조건인 군부권위주의와 배제적 이데올로기는 〈표 3〉에 제시된 정치적 학살과 제노사이드의 발생 요인 중 가장 주목할 만한 변수이다. 주지하듯이 1980년 한국의 정치적·사회적 지형은 한국전쟁 전후를 경과하면서 제도적·이데올로기적으로 여러 형태로 변형된 반공주의와 1961년 쿠데타 이후 누적된 군부권위주의의 구조적 영향력 속에서 규정된 것이다. 이 중 국가의 억압성은 〈표 4〉에 정리된 바와 같이 5·16쿠데타 이후 끊임없이 발령된 일련의 강압 조치를 통해 확인할 수 있다.

그 결과 1980년을 전후한 한국의 민주주의는 3장 〈표 2〉의 예시대로 파키스탄, 칠레, 필리핀과 함께 비교 대상 국가군에서도 최하위를 면치 못하는 수준에 머물렀다. 한국의 국가 성격은 비교 민주주의 수준에서도 억압성이 매우 높은 '과대 성장'된 강성 권위주의 국가였던 것이다. 이러한 억압성은 지배 엘리트들의 이데올로기 정향과 유기적 연관이 있다. 일반적으로 반대 집단을 패퇴시키거나 무력화시킬 수 있는 많은 전략적·전술적 선택지를 지닌 지배 엘리트들에게 이데올로기

〈표 4〉5·16쿠데타 이후 시행된 국가의 억압 조치

시행일	국가의 억압 조치
1961년 5월 16일	군사쿠데타
1961년 5월~1962년 12월	비상계엄령
1963년 10월	전국 비상계엄령
1964년 6월	비상계엄령(6·3사태)
1965년 8월	서울 위수령
1971년	교련 반대 시위에 따른 대학 휴업령
1971년 10월	서울 위수령, 10개 대학 무장 군인 진주
1971년 12월	국가비상사태 선포
1972년 10월	10월 유신 선포, 전국 비상계엄령
1974년	긴급조치 1호·4호 선포
1975~1979년	긴급조치 9호
1979년 10월	부산 비상계엄령, 마산·창원 위수령

• 출처: 조희연, 〈박정희 시대의 강압과 동의: 지배·전통·강압과 동의의 관계를 다시 생각한다〉, 《역사비평》 67, 2004, 16쪽.

는 그들의 선택을 결정짓는 가장 중요한 요인으로 작용하기 때문이다. 이에 따라 정권의 지도자들이나 혁명 운동이 배제적 이데올로기로 뒷받침되었을 때 제노사이드와 정치적 학살 사건의 발생 비율이 한층 높아지는 경향을 보인다. 따라서 배제적 이데올로기는 사회정치적 집단들의 제거를 목표로 하는 엘리트의 기회를 증가시킬 뿐만 아니라 "최우선적인 목적이나 원칙으로 인정된 신념체계는 어떤 범주의 사람들을 분리, 처형, 제거하는 결과를 정당화"한다. "1980년대 한국과 대만의 군부권위주의 엘리트들, 국가안보를 표방한 1960~1970년

대 라틴아메리카 일부 정권과 같은 완고한 반공주의 옹호자들"이 그 대표적 사례이다.[34]

한편으로 이는 20세기 중후반 군부통치를 경험한 대다수 제3세계 '신직업주의적 군부독재 엘리트'들에게서 발견되는 보편적인 특성이기도 하다. 이들은 대개 집권 전후 과정을 통해 '안정, 안보, 발전' 이데올로기를 고수한다. 또 권위주의 체제의 유지를 위해 집권 기간 내내 '정치적 위기 때마다 수시로 동원'되면서 실질적인 '국가의 안위보다 내부의 시위나 소요 진압에 더 큰 관심'을 두는 경향이 유지, 강화된다.[35] 한국의 군부 역시 1980년 이전 20여 년에 걸쳐 '권력 핵심부에서 직접적으로 통치를 담당'했다. 이들은 〈표 4〉에 나타난 바와 같이 정권의 안위에 도전을 받을 때마다 일상적으로 동원되면서 '안정, 안보, 발전을 지향'하는 전형성을 보였다. 이처럼 국가안보보다 국내 정치의 혼란에 주의를 기울이는 군의 안보 정향은 박정희의 사망 이후 도래한 정치적 봄의 상황을 '독재자 없는 독재의 시기'로 전락시킨 귀납적 논리의 근거로 작용한다.[36] 1980년 5월 1일 발표된 포고는 신군부의 이 같은 이데올로기적 정향을 단적으로 드러낸다.

혼란 상태를 방치한다면 안정과 질서를 회구하는 대다수 국민의 여론을 등지는 것이므로 국가안보적 차원에서 단호하게 조치를 취하겠다.[37]

뒤이어 사건사적 측면에서 5·18의 기폭제가 된 5·17 비상계엄 확대 조치는《계엄사》를 통해 다음과 같이 정당화된다.

> 정치적 혼란, 노사분규의 격렬화, 일부 언론 및 종교계의 무
> 분별, 사회 기강 문란, 그리고 학원 소요의 격화 등으로 인하
> 여 국민들은 북괴가 곧 쳐들어올지도 모르겠다는 위기의식
> 에 사로잡혀 사회 불안이 극도에 달하게 되었고, 국민경제
> 는 파탄 지경에 이르게 됨으로써 대다수 안정을 바라는 국
> 민들은 정부의 강경 대책을 희구하게 되었으며, 계엄군에
> 의한 강력한 제재와 시급한 사회 안녕 질서의 회복을 갈망
> 하게 되었다.[38]

정치적 혼란과 소요로 인해 극도에 달한 사회 불안, 파탄
지경에 이른 국민경제, 북괴의 침탈에 대한 위기의식이 '국가
안보적 차원에서 단호한 조치'를 요구하는 국민 여론을 조성
했고, 신군부는 이에 부응했을 뿐이라는 논리다.[39] 결국 군의
단호한 조치는 광주 일원에 대한 특전단의 대거 증원으로 현
실화되었다. 게다가 이들은 시위 군중이 폭도이기만 하다면,
어쩌면 유사시 폭도로 낙인찍을 수만 있다면, 일정 정도의 희
생은 '필요'할 뿐만 아니라 '정당'할 수 있다는 신념을 공유하
고 있었다. 앞서 보았듯이 전남도청에서의 집단 발포 직후 신
군부의 고위간부는 '광주의 폭도를 전차로 밀어버리라!'고 일
갈했다. 지휘 계통을 벗어난 그의 명령은 사회정치적 집단들
의 제거를 목표로 하는 배제적 이데올로기에 경도된 군부권
위주의 엘리트의 속성을 여과 없이 보여준다.[40] 신군부의 수

오월의 정치사회학

장 전두환 보안사령관 역시 다르지 않았다. 민주화 이행기 권력을 이양한 그는 1988년 1월 29일, "광주사태는 당시 국가 존립 문제가 위태로울 정도의 최악의 상황하에서 국가 위기를 수습하는 과정에서 빚어진 것"이라고 언급했다.[41]

결과적으로 5·18은 반공주의와 배제적 이데올로기로 무장한 군부권위주의 엘리트들이 불특정 다수의 민간인을 희생시킨 전형적 사례로 볼 수 있다. 그들의 명분은 우리 사회에서 오랫동안 최우선적 원칙으로 인정된 신념체계인 국가안보였지만 말이다. 이처럼 광주 혹은 호남 지역민들을 '구별, 처형, 제거한 결과를 정당화한 국가의 기억'은 그 후로도 오랫동안 계속되었다.[42]

정치적 학살의 두 번째 주체적 조건은 가해자들의 학습 효과를 염두에 둔 이전 제노사이드의 경험이다. 국가안보에 도전하는 세력에 대한 전략적 해결책으로 대량살해를 택한 지배 엘리트와 군대는 이미 그것에 길들어졌을 것이며, 살해의 대상으로 지목된 집단 역시 대부분 완전히 파괴되지 않기 때문이다.[43] 이는 〈표 3〉에서도 확인되는 지점이다. 집단학살의 경험이 정치적 학살과 제노사이드 발생에 있어 정부 유형 변수와 함께 단일 변수로서는 가장 높은 상관관계를 나타내고 있음을 알 수 있다.

한국의 경우, 1980년 이전 크게 두 번의 대량살해의 경험이 있다. 한 번은 해방 정국에서 한국전쟁에 이르는 근대국가 성립기이며, 나머지 한 번은 베트남전쟁 당시 해외에서의 경험이다. 지금까지 5·18 학살을 포함해 총 세 번의 학살을 학습한 것이다.

　첫 번째 대량살해의 경험인 한국전쟁 시기 정치적 학살은 일종의 '의사 인종주의'가 작동된 사례였다. 이를 기점으로 한국사회는 반공주의가 기준이 된 국민/비국민, 인간/비인간의 경계가 설정된다. 이 시기 국민과 비국민을 민간인·양민과 공산주의자로 구분하고, 국민 만들기를 방해하는 이종 인류인 '빨갱이'에 대한 학살을 정당화하는 담론이 형성되었기 때문이다. 근대국가 구성의 필수적 요소인 국민의 범주를 확정하면서 '반공'이 그 구별짓기의 기준선이 된 것이다. 1948년 3·1절 기념 투쟁을 벌인 세력은 경찰에 의해 '비국민적 난폭도배'로 규정되었고, 공산당은 "동족이나 배달민족으로 볼 수 없다"고 선언됐다. 좌익은 주구, 적구, 독충으로 묘사됐으며, '박멸'해야 하는 대상이 됐다. 우리가 아닌 그들이자 우리를 위협하는 적이 된 그들은 이후 '적구이자 독충을 넘어서 마귀와 같은 악마이므로 공동체의 생존과 보호를 위해 당연히 말살'되어야 하는 대상으로 지목된다.[44] 이러한 학살 담론의 정당화는 좌익이 국민의 범주에서 제외된 시민 지위의 박탈 단계를 거쳐 인간의 지위를 상실한 비인간화, 심지어 악마화의 대상으로 범주화되었음을 보여준다. 그러나 '불순분자와 양민' '폭도와 양민'의 분리를 전제한 적敵과 아我의 구분은 '양민과 폭도를 구별치 못하는 군경의 탈선적 행동'의 지속으로 인해 실제로는 무용지물이 됐다.[45] 그 결과 제주 4·3사건 시기 수만 명, 여순사건에서 수천 명의 민간인이 희생됐고, 1949년 2월 경북 청도에서 585명, 1949년 7월 경남 산청에서 129명, 1949

년 12월 경북 문경에서 86명의 주민이 사살됐다.[46] 이에 더해 잠재적 적으로 만들어진 보도연맹원은 1950년 6월 25일부터 9월 중순까지 전국 114개 시군에서 4772명이 학살된 것으로 확인됐다.[47] 이후 한국전쟁 과정과 그 종결로서 각기 다른 사회 체제를 공고히 한 적대적 분단 국가의 수립은 남한사회에서 '반공'을 국민과 비국민을 가르는 심리적·제도적 구분선으로 더욱 철저히 각인시켰다. 반공주의에 입각한 처형 담론 문화의 원형이 구성된 것이다.

두 번째 대량학살의 경험인 베트남전쟁은 한국전쟁 전후 습득된 반공의 구획선이 지닌 효과를 해외 파병을 통해 재경험하게 되는 과정을 보여준다. 게릴라전의 양상이 짙었던 베트남전 당시 미군과 그 동맹군은 일명 전략촌이라는 안전지대에 민간인을 소개시키고 그 외 지역은 '움직이는 모든 것'을 적으로 간주하는 수색섬멸작전search-and-destroy mission을 펼쳤다. 개전 초기부터 개입의 정당성을 의심받던 이 전쟁의 중요한 화두 중 하나가 전장과 비전장, 게릴라와 민간인의 구분이었기 때문이다. 이에 비해 한국군은 주민이 거주하는 마을 외곽에 중대 규모의 전술기지를 설치해 수색·정찰·매복하는 중대전술기지Fire Base라는 비정규 작전 개념을 적용했다. 한국전쟁 시기 빨치산을 토벌하는 방식에서 유래한 이 전술은 작전지역 내 모든 사회적 기반을 소멸시키는 평정작전으로 알려져 있다. 당시 작전 명령을 하달받은 병사들의 "모조리 죽이고 깨끗이 불태우고 깡그리 파괴하라"라는 관용어는 이 작전의 성격을 웅변적으로 드러낸다. 공산주의자 박멸이라는 최종 목표를 달성하기 위해서 민간인의 희생 여부는 이미 중요한 판단 기준이 아니었던 것이다. 이로 인해 한국군이 저지른 것으로 추정되는 수많은 학살은 노인과 어린아이들이 대부분인 전략촌의 민간인들로 집중됐다. 미군과 그 동맹군의 분류에 의하면 비전장에서 벌어진 양민학살이었다. 1968년 꽝남성, 1966년 꽝응아이성, 빈딘성에서 벌어진 학살의 양상이 전형적이다.[48] 현재까지 알려진 한국군에 의한 베트남전 민간인학살의 규모는 국제시민단체의 조사 결과와 현지 피해자들의 주장에 따르면, 약 80여 건, 9000여 명에 이른다.[49]

그 외 베트남전 참전이 우리 사회에 남긴 또 하나의 영향은 '월남 파병' 정당화 이데올로기를 통해 다시 한번 반공 국민의 신화를 재창조한 것에 있다. 그때 그 시절 전 영상 매체를 장악했던 〈대한뉴스〉는 부산항에서 눈물 젖은 손수건을 흔드는 여학생들의 모습을 효과적인 장치로 활용했으며, 귀신 잡는 해병대의 신화를 시시때때로 제창했다. "우리 민족이 처음으로 남의 나라에 군대를 보내고 민족의 위력을 발휘한 이 감격"을 모 일간지에 기고한 과거 야당 인사 박순천, "자유를 잉태하러 죽음도 마다 않고 잘 싸워라"며 젊은이들을 포화 속으로 내몰았던 시인 모윤숙의 초상은 당시 우리 사회가 지닌 전쟁과 반공주의에 대한 인식을 가감 없이 반영한 거울이었다.[50]

이상의 논의를 토대로 이전 두 번의 학살 경험과 5·18의 공통점과 차이점을 분석하면 다음과 같다. 첫째, 정치적 학살의 관점에서 한국전쟁, 베트남전쟁, 그리고 5·18의 공통점은 민간인과 공산주의자의 구분이 시민과 폭도의 대비로 오롯이 이전되었다는 점이다. 국민과 비국민을 결정짓는 잣대로 다시 한번 반공이데올로기가 이용된 것이다. 이 과정에서 이른바 빨갱이에 대한 학살이 정당화되었듯이 폭도라 명명된 시민들에 대한 학살 역시 정당화되었다. 이는 가해자의 성격에 따라 희생자의 특성이 변질되는 형태로 되풀이된다.[51] "빨갱이여서 죽은 것이 아니라 죽고 나서 빨갱이가 되었으며, 누구에게 죽었는가가 이후 이들의 정체성을 결정하였다"는 한국전쟁 시기 학살 피해자의 증언처럼 "폭도라서 죽임을 당한 게 아니라 죽고 나서 폭도로 명명"되는 상황이 재현된 것이다.[52] 실제로 한 5·18 유가족의 증언에 따르면, 혹여 있을지 모를 탈취를 염려해 차량을 숨기러 가던 차주가 계엄군의 무차별 난사로 그 자리에서 즉사한다. 이에 뒤늦게 사실을 파악한 공수부대원이 '죽은 사람은 폭도다'라고 우기는 장면이 등장한다. 사망자는 다시 또 폭도라서 죽은 게 아니라 진압군이 살해했으니 폭도가 된 것이다.[53] 신체적 폭력의 역사 위에 담론적 폭력이 겹쳐진 풍경이다.[54]

둘째, 이전 두 번의 학살과 5·18의 가장 큰 차이점은 위기의 수준이라 할 수 있다. 한국전쟁과 베트남전쟁 시기 학살이 국민국가 수준의 위기였다면, 5·18은 정권 차원의 위기였다. 전자가 근대국가 수립 과정에서 전쟁을 통해 국민과 비국민을 결정짓는 도중 발생한 폭력이었다면, 후자는 쿠데타를 동반한 수동 혁명 과정에서 일어난 폭력이었기 때문이다. 바꿔 말해 전자의 경우 지리적·범주적으로 여전히 유동적인 국민의 범위를 분명히 하는 과정에서 생긴 폭력인 데 반해 후자는 이미 국민의 경계에 편입된 지 30여 년이 지난 특정 지역 민간인들의 시민 지위를 박탈하고, 살해한 사건이었다는 차이가 있다. 또 양자 모두 국가에 의해 살해된 희생자들이 생긴 사건이라는 공통점 이면에 전자의 경우 전투 상황에서 실제 민간인과 비정규 전투원의 구분이 사실상 쉽지 않은 데서 오는 오인 사격이나 오판에 의한 살해의 가능성이 상대적으로 열려 있다면, 후자는 시위 진압 초반부터 이러한 구분을 원천적으로 염두에 두지 않았다는 점이 다르다.

한편 한국전쟁, 베트남전쟁과 5·18은 그 결과 역시 정반대의 방향으로 흘렀다. 우선 한국전쟁과 베트남 파병 시의 학살 경험은 또 다른 민간인 학살을 가져온 주요 배경이 되었다. 이 때문에 5·18처럼 정치적 격변과 배제적 이데올로기가 결합한 시공간에서 반인권 행위의 자율성을 높이는 결과를 가져올 수 있었다. 또 양 전쟁은 앞서 보았듯이 권위주의의 유지와 공고화에 큰 도움을 준 밑거름이 되었다. 반면, 1980년 5·18은 우리 사회에서 공식 지배 이데올로기인 자유민주주의를 압도해온 권위주의의 '권위'에 결정적 흠집을 낸 전환점이 된다. 5·18이 국가권력의 정당성legitimacy에 심각한 타격을 준 것이다. 결과적으로 앞선 두 번의 학살이 법적·제도적·이데올로기적으로 탄탄한 기반을 지닌 기억의 정치를 통해 반공 권위주의의 수명 연장을 가져왔다면, 1980년의 학살은 국가의 체계적 정당화에도 불구하고 권위주의의 지지 기반 붕괴라는 결과를 가져왔다.

5. 남은 문제
: 끝나지 않는 학살을 직면하기

이 장은 정치적 학살의 원인 중 구조적 조건으로 ① 정치적 격변, ② 내부 균열, ③ 국제적 맥락: 정치적, 경제적 상호의존을 주체적 조건으로 ① 정부 유형과 지배 엘리트의 이데올로기 정향: 배제적 이데올로기와 권위주의, ② 이전 제노사이드: 정치적 학살의 경험 등을 상정해 정치적 학살의 결정적 사례인 5·18의 원인과 조건을 분석했다. 그 결과 우리는 다음과 같은 사실을 확인할 수 있었다.

첫째, 10·26 이후 5·18 직전까지의 상황은 민주화 세력과 이를 저지하고자 했던 군부 내 강경파의 힘의 대결이 벌어진 정치적 격변기였다. 그러나 당시 대항 폭력의 강도나 규모가 체제 위기를 불러올 정도의 수준은 아니었다. 1980년 봄의 정치적 위기는 지배 블록 내의 친위 쿠데타에서 출발해 맞이한 체제 재생산의 위기를 폭력적 수단으로 해결한 수동 혁명의 성격을 띤다. 따라서 이 과정에서 정치적 학살이 발생하고, 총체적인 통제를 지향하는 사회로의 회귀가 이루어진 원인은 민주화 세력의 폭력 정도나 규모에 비례한다고 보기 어렵다. 오히려 민주화 세력을 억압하는 수동 혁명의 성격과 〈표 3〉에 제시된 바와 같은 '억압성의 정도'가 더 중요한 요인으로 파악된다.

둘째, 사회 균열의 경우 정치적 학살의 원인을 설명하는 독립 변인으로서의 설명력은 그리 높지 않다. 내부 균열은 폭력의 원인보다는 폭력의 결과나 효과로 보는 것이 타당하다. 지배 엘리트가 극단적 폭력의 정당화 과정에서 잠재적 사회 균열을 활성화한 것이다.

셋째, '국제적 맥락: 정치적, 경제적 상호의존'은 정치적 학살의 독립 변수로서 지닌 영향력은 뚜렷하다. 그러나 그 방향성과 결과는 개입 능력을 지닌 국가의 국익 향방에 따라 유동적이다.

넷째, 정부 유형과 지배 엘리트의 이데올로기 정향 중 배제적 이데올로기와 군부권위주의는 1980년 전후 한국의 정치적 특성을 나타내는 주요한 지표였다. 이에 따라 5·18은 배제적 이데올로기를 신봉한 군부권위주의 엘리트들이 일부 범주의 사람들을 제한, 처형, 제거한 결과를 정당화한 것이라 볼 수 있다. 신군부가 선택한 비국민의 범주는 분할된 지역으로 표상된 민주주의 이행 요구였다.

다섯째, 이전 제노사이드와 정치적 학살 경험 역시 학살 발생에 있어 매우 높은 상관관계를 나타내는 설명 요인이다. 1980년 이전 해방 정국에서 한국전쟁에 이르는 근대국가 수립기와 베트남전 파병을 통해 크게 두 번의 학살을 학습한 한국은 상대적으로 정치적 학살이 재현될 수 있는 더 큰 경향성에 노출돼 있었다. 5·18이 반인권 범죄의 각축장으로 귀결된 가장 직접적인 요인 중 하나가 이전 정치적 학살의 학습 효과인 것이다.

이상의 논의를 종합해볼 때 정치적 학살의 원인은 ① 정치적 격변, ② 내부 균열, ③ 국제적 맥락: 정치적, 경제적 상호

오월의 정치사회학

의존과 같은 구조적 조건보다 ① 정부 유형과 지배 엘리트의 이데올로기 정향: 배제적 이데올로기와 권위주의, ② 이전 제노사이드와 정치적 학살의 경험과 같은 주체적 조건이 더 중요한 요소로 분석된다.

이 같은 분석 결과는 세계 곳곳에서 벌어지고 있는 정치적 학살과 제노사이드를 방지하기 위한 우리의 노력에 몇 가지 시사점을 제공한다. 첫째, 정치적 학살의 주체적 조건을 갖춘 나라들에 대한 위험성 감지다. 이를테면 배제적 이데올로기를 지닌 지배 엘리트의 통치에 맞닥뜨린 권위주의 국가가 이전 정치적 학살의 경험까지 갖췄다면 그 재발 확률은 매우 높을 것이다. 미얀마, 시리아 등을 예로 들 수 있다. 미얀마는 2014년 4월 이미 영국 인권단체 국제소수자권리그룹MRG에 의해 시리아, 소말리아, 수단과 함께 제노사이드의 조기 경보 대상이 되었다. 또 같은 해 7월 미국홀로코스트추모박물관USHMM의 '제노사이드 조기 경보 프로젝트' 발표에서도 국가 주도 제노사이드 위험군 중 1위로 올라선 바 있다.[55] 미얀마에 대한 제노사이드 위험 경고는 이를 판별하는 여러 징후들을 기준으로 예측되었지만, 그중에서도 배제적 이데올로기에 경도된 권위주의 엘리트에 의해 수십 년간 반복된 쿠데타 등 정치적 위기, 로힝야족에 대한 반복적인 정치적 학살 경험 등이 가장 중요한 유발 요인이었다. 실제로 이 예측은 현실이 되었고, 지금 이 시각에도 미얀마 군부의 반인권 범죄는 지속되고 있다.

시리아 역시 매한가지다. 2011년 1월 다마스쿠스와 알레포에서 시작된 시리아 민주화운동은 그해 3월 대규모 시위대를 향한 정부군의 발포로 전국으로 확산되었으며, 급기야 무장 시위대의 출현과 더불어 내전으로 확전되었다. UN의 보고에 따르면, 2013년 기준 이미 9만여 명의 사망자가 발생했으며 이 가운데 약 1400명이 정부군의 생화학무기 공격으로 사망했다.[56] 이후 악명 높은 테러 집단으로 알려진 IS 세력의 등장과 러시아와 이란의 개입으로 혼돈 속에 방치된 시리아의 학살과 보복 학살의 에스컬레이터는 2021년 현재 민간인 약 38만 7000명의 목숨을 앗아갔고, 유엔난민기구UNHCR 집계 결과 약 560만 명의 난민을 양산했다.[57]

둘째, 국제적 맥락에서 정치적 학살과 제노사이드 발생 국가에 대한 외부 개입의 필요성과 효과 문제이다. 앞서 살펴보았듯이 외부 압력은 특정 정치적·사회적 집단을 분리해 제거하려는 정책 결정자의 시도를 저지하는 데 꽤 효과적인 수단이다. 아마도 개입의 가장 명시적이고 강력한 형태는 직접적인 군사 행동일 것이다. 그러나 일부 학자들은 군사 개입의 효과에 대해 강한 의문을 제기한다. 이에 대해 앨런 쿠퍼먼은 정부의 보복으로부터 비무장 민간인을 적절하게 보호할 수 없을뿐더러 반군의 무장을 부추기는 도덕적 해이를 가져올 수 있다는 우려를 표명했다.[58] 한편에선 국제정치의 역학 관계상 군사 개입이 계속 유지되기 어렵고, 이로 인해 그 효능성이 미미하다는 입장을 견지하는 학자도 있다. 또 시리아의 사례에 비춰볼 때 패권 국가의 국익과 연계된 국내 정치환경 탓에 조기 대응이 좌절될 수도 있다. 더 나아가 이에 대한 반작용으로 학살을 기획한 세력이 다른 국가의 지원을 모색할 경우 국제전의 양상으로 확대되는 의도치 않은 결과를 가져오기도 한다. 무엇보다 군사 개입은 매우 높은 정치적·경제적 비용이 소요되며, 현실적으로 학살의 징후가 포착된 모든 나라에 군사 행동을 취할 수는 없다는 근본적인 문제도 있다. 이 때문에 관련 학자들과 국제 인권운동가들은 지금껏 반인권 범죄의 대상이 된 사람들을 보호하기 위한 보다 현실적인 외부 개입 수단을 모색해왔다. 그중 적지 않은 학자들이 제안하는 방법이 'naming and shaming'이다.[59] 학살을 기획하고 실행에 옮기는 가해자를 학살자, 반인륜 범죄자로 부르고, 수치심을 주는 효과에 주목하는 것이다. 반인권 국가라는 호명은 다른 국가들의 정치적·경제적 제재를 유도할 수 있으며, 이는 다시 가해국 내부 정치에서의 비용 부담을 증가시킬 수 있다. 해외 원조의 중단이나 국제 무역 제재가 대표적 예이다. 이는 가해자가 국제적 정당성을 확보하고 국내에서 존립을 유지하기 위해 인권 압력에 대응할 수밖에 없는 작동 원리를 보여준다.[60] 실제로 2022년 베이징 동계올림픽을 '제노사이드 올림픽'이라 규정한 초국가적 인권네트워크와 미디어의 활약은 미국을 비롯한 다수 서방 국가들의 외교적 보이콧을 이끈 주된 동력 중 하나였다. 신장 지역 위구르인에 대한 반인권 범죄와 홍콩의 민주주의 파괴 움직임에 대한 국내외의 비난과 감시가 이에 대응하는 중국 정부의 부담을 키운 것이다.[61]

셋째, 정치적 학살과 제노사이드 연구자들의 근본적인 지향점인 반인륜 범죄의 재발을 막기 위한 국내 정치 차원의 대비와 점검의 필요성이다. 이에 대한 학자들의 공통된 주문은 가해자에 대한 흔들림 없는 법적 단죄와 관련 인권 법안의 체계적인 입법화이다. 물론 피해자를 추념하고 가해자의 행위를 기록하는 기억의 공식화도 빼놓을 수 없는 사회적 조치이다. 다만 추념일을 지정하고, 박물관을 만들고, 묘지와 추념비를 세우는 물리적 기억의 터와 함께 반드시 행해져야 할 사회적 노력이 학교를 비롯한 시민사회에서의 교육이다. 우리 사회는 이 모든 노력을 착실히 다져왔지만, 미궁 속에 있는 가해자들과 이들의 반인륜 범죄를 옹호하는 지지자들과 함께 호흡하는 삶 역시 여전히 현재 진행형이다. 또 반인권 범죄를 막기 위한 최소한의 제한선인 법적 규제는 정치권에서 본격적인 쟁점 사안으로 논의조차 되지 못할 정도로 모자라다. 심지어 제도적·사회적 배제를 불법화하는 첫걸음으로 분류되는 차별금지법에 대한 입법화 역시 수년째 답보 상태다.

이쯤에서 우리의 현재와 과거를 다시 한번 복기하자면, 우리는 5·18을 포함해 총 3번의 정치적 학살 경험을 가졌으며, 민주주의 국가의 시민보다는 권위주의 국가의 국민으로 살아온 세월이 더 길었다. 바꿔 말해 타협과 협의의 사회문화보다는 대립과 배제, 반대 세력을 제거하는 풍토에 더 익숙하다. 이는 우리의 정치문화에도 고스란히 반영되어 있다. 얼마전 영국의 이코노미스트 인텔리전스 유니트Economist Intelligence Unit, EIU가 2021년 자료를 기준으로 전 세계 국가들의 민주주의지수를 새로 발표했다. 이 통계에서 2021년 16위였던 한국의 민주주의 수준이 2022년 8단계 아래로 떨어진 24위다. 전체 평균은 8.03점으로 '결함 있는 민주국가'로의 추락을 가까스로 모면했다. 이 같은 결과를 이끈 일등 공신은 측정 항목 중 최하위 점수를 받은 6.25점의 정치문화였다. 홍콩과 함께 아시아에서 유일하게 별도의 조언을 받은 한국 민주주의에 대한 EIU의 진단은 다음과 같다.[62]

정치에 대한 이분법적 접근이 합의와 타협의 공간을 위축시키고 정책 입안을 마비시켰으며, 정치적 경쟁자를 끌어내리는taking down rival politicians 데에만 몰두한 나머지 극단적 대결의 정치문화가 정치적 제약에서 자유로운 강력한 지도자에 대한 지지를 강화하고 있다.

지난 세월 깊숙이 누적된 배제의 이데올로기를 꿰뚫어본 것이다. 결론적으로 반인권 범죄와 그 최극단인 학살에 대한 감시와 견제는 민주주의의 내면화와 불가분의 관계에 있음을 환기할 필요가 있다. 다시 시선을 돌려 우리 안의 배제의 문화를 점검해야 할 시점이다.

1장. 그들은 어떻게 학살의 가해자가 되었을까?

1   벤자민 발렌티노, 《20세기의 대량학살과 제노사이드》, 장원석·허호준
    옮김, 제주대학교출판부, 2006; 크리스토퍼 브라우닝, 《아주 평범한
    사람들》, 이진모 옮김, 책과함께, 2010; 한나 아렌트, 《전체주의의 기원
    1》, 이진우·박미애 옮김, 한길사, 2006.

2   이승만, 〈정부 수립 기념식 치사〉, 1948.8.15., 《서울신문》, 1972.1.11.

3   이승만, 〈불순분자를 철저히 제거: 반역사상 방지 법령 준비〉,
    《동아일보》 1948.11.5.; 김동춘, 《전쟁과 사회》, 돌베개, 2006, 253쪽.

4   안현주, 〈민간인 학살, 학살의 지속성, 반공 이데올로기, 양민 희생 담론,
    역사 학습을 통한 재개념화〉, 《역사교육연구》 8, 2008, 98쪽.

5   김동춘, 《전쟁과 사회》, 349쪽.

6   크리스토퍼 브라우닝, 《아주 평범한 사람들》, 121~122쪽; 벤자민
    발렌티노, 《20세기의 대량학살과 제노사이드》, 85~86쪽.

7   김동춘, 《전쟁과 사회》, 315쪽, 347쪽.

8   크리스토퍼 브라우닝, 《아주 평범한 사람들》, 275~277쪽.

9   Daniel Goldhagen, *Hitler's Willing Executioners: Ordinary
    Germans and the Holocaust*, Knopf, 1996, p.185. p.393. p.402;
    벤자민 발렌티노, 《20세기의 대량학살과 제노사이드》, 95~96쪽.

10 Omer Bartov, *Hitler's Army: Soldiers, Nazis, and War in the*

Third Reich, Oxford University Press, 1992, p.147; 벤자민 발렌티노, 《20세기의 대량학살과 제노사이드》, 100~101쪽.

11 김동춘, 《전쟁과 사회》, 355쪽.

12 노영기, 〈이응준, 자랑스런 황군 가야마〉, 《내일을여는역사》 16, 2004, 26쪽.

13 '신직업주의'를 개념화한 앨프리드 스테판은 "민간정부의 정당성이 약하거나 평화로운 발전 과정을 관리할 능력이 취약할수록 신직업주의적 태도를 갖는 군인들이 국가 발전에 대한 자신들의 견해를 관철하기 위해 정부를 통제하려는 경향"이 있으며, 이러한 군부의 "신직업주의적 태도가 군부의 역할 증대와 정치화를 가져왔다"고 말한다. Alfred Stepan, "The New Professionalism of Internal Welfare and Military Role Expansion.", Alfred Stepan ed.. *Authoritarian Brazil: Origins, Policies and Future*, Yale University Press, 1973, p.51.

14 양병기, 〈한국의 군부정치에 관한 연구〉, 《한국정치학회보》 27(1), 1994, 177~179쪽.

15 김영명, 《군부정치론》, 녹두, 1986, 23~24쪽.

16 바버라 하프, 〈제노사이드 발생의 원인〉, 이시도르 왈리만 외 편, 《현대사회와 제노사이드》, 장원석·강경희·허호준·현신웅 옮김, 각, 2005, 91~98쪽.

17 자세한 내용은 Barbara Harff, "No Lessons Learned from the Holocaust? Assessing Risks of Genocide and Political Mass Murder since 1955", *American Political Science Review* 97(1), 2003, p.62. p.66 참조.

18 국제시민단체 조사와 현지 피해 유족들의 주장에 따르면 베트남전쟁 당시 한국군에 의한 민간인 학살은 약 80여 건, 9000여 명에 달한다. 이 중 '퐁니·퐁넛 마을 학살 사건'은 2023년 2월 7일, 서울지방법원 재판부(민사68단독 박진수 부장판사)의 1심 판결에서 승소했다. 1968년 2월 12일 베트남 중부 도시 다낭으로부터 남쪽으로 약 25km 지점에 있는 퐁니·퐁넛 마을에서 발생한 이 사건에 대해 재판부는 베트남전 참전 한국 군인, 당시 베트남 마을 민병대원 등의 증언과 여러 증거를 바탕으로 응우옌 씨의 주장을 대부분 사실로 인정하며 "피고 대한민국은 원고(응우옌 씨)에게 3000만 100원과 이에 대한 지연 손해금을 지급하라"고 판결했다. 정희상, 《시사IN》 806호, 2023.3.1.; 《BBC

NEWS 코리아》, 2023.2.9.

19 박상훈, 《만들어진 현실》, 후마니타스, 2009, 50~54쪽.

20 《매일경제》, 1980.5.1.

21 김덕한, 〈계엄사에 나타난 12·12, 5·18에 대한 합수부 측 시각: 12·12: 김재규에 협력한 정승화 수사는 당연, 5·18: 경찰력 한계에 봉착, 군 개입 정당〉, 《월간조선 별책부록》, 조선일보사, 1995.9., 393쪽.

22 한나 아렌트, 《전체주의의 기원 1》, 196~197쪽.

23 손광주, 〈황영시 5·18 계엄사령관 탱크로 폭도 진압하라 명령했다〉, 《신동아》, 1996.2., 269~271쪽.

24 Barbara Harff, "No Lessons Learned from the Holocaust? Assessing Risks of Genocide and Political Mass Murder since 1955", Ibid., pp.57~73.

25 양병기, 〈한국의 군부정치에 관한 연구〉, 앞의 책, 183~184쪽.

26 정해구, 〈군 작전의 전개 과정〉, 《5·18 민중항쟁과 정치·역사·사회 3》, 심미안, 2007, 421쪽.

27 광주매일 정사 5·18 특별취재반, 《정사 5·18》, 사회평론, 1995, 154~155쪽.

28 1973년 쿠데타 모의 혐의로 당시 수도경비사령관이었던 윤필용과 장성·장교 등 13명을 처벌한 사건. 사건을 수사하는 과정에서 윤필용이 후원자 역할을 한 하나회의 실체가 밝혀졌다.

29 양병기, 〈한국의 군부정치에 관한 연구〉, 앞의 책, 186~187쪽.

30 손광주, 〈황영시 5·18 계엄사령관 탱크로 폭도 진압하라 명령했다〉, 앞의 책, 268~271쪽.

31 이에 대해 한 보도는 사태 초기부터 "광주 상황의 보고 계통은 7공수 33·35대대→광주 505보안부대→보안사령부→신군부 핵심으로 전달되고, 이 보고를 기초로 결정한 명령이 공식 지휘 계통을 다시 경유해 내려갔다"고 파악한다. 광주매일 정사 5·18 특별취재반, 《정사 5·18》, 159쪽.

32 조갑제, 〈공수부대의 광주사태〉, 《월간조선》, 조선일보사, 1988.7., 193~199쪽 재인용. 5·18을 학살로 파악하는 시각을 부정하는 조갑제의 자료 인용은 다른 사회 부문에 비해 폐쇄성을 특징으로 하는 군의 특성을 고려해 접근의 한계를 보완하는 차원에서만 이용되었음을 밝힌다. 특히 특전사의 조직 구성과 행위의 특성을 유추할 수 있는 대목에 한정하는 자료의 이용은 학살 사실 자체에 대한 시각이 반영될

여지가 없을 것으로 보인다. 다른 측면에서 보면 가해자의 행위를 옹호하는 입장에서 기술된 자료이므로 오히려 학살 행위의 동인 분석에 있어 그 정합성을 높이는 측면도 있다.

33 《동아일보》, 1996.10.22.

34 조갑제, 〈공수부대의 광주사태〉, 앞의 책, 61~71쪽.

35 동시에 신군부의 주역인 전두환, 노태우는 1958년 4월 창설된 한국군 최초의 공수부대인 제1특전단의 장교 1기였다, 이들은 미국 육군 특수전학교·심리전학교에서 수학하기 위해 선발된 도미 유학생들의 명단에도 나란히 이름을 올렸다. 신상구, 〈한국군 특수전사령부의 창설과 발전: 1950~1960년대를 중심으로〉, 《군사연구》 152, 2022, 162쪽.

36 《동아일보》, 1992.11.17.

37 당시 한 신문은 다음과 같이 보도한다. "5·16 군사혁명의 중추 부대로서 선구적인 임무를 완수한 '제1공수특전단' 장병은 혁명의 횃불이 폭발하던 그날 16일 미명 수도 서울 거리에 그 늠름한 모습들을 보여주었다."《경향신문》, 1961.5.26., 1996.12.9.

38 조갑제, 〈공수부대의 광주사태〉, 앞의 책, 61~71쪽.

39 데이브 그로스먼, 《살인의 심리학》, 이동훈 옮김, 플래닛, 2011, 271~272쪽에서 재인용.

40 평범한 군인들은 '강요와 훈련 그리고 이를 극복할 만한 기계적이고 심리적인 수단이 주어지지 않을 경우 살해하지 않으려는 본질적인 거부감'이 있다. 전시 상황도 전투원을 상대로 한 전투도 아니었던 5·18의 경우, 적법한 명령체계 내의 일반 정규군의 민간인 살해에 대한 거부감은 이러한 본질적 거부감을 훨씬 뛰어넘었을 것이라는 논리적 추론이 가능하다. 데이브 그로스먼, 《살인의 심리학》, 36~37쪽, 54쪽, 75쪽.

41 같은 책, 227쪽.

42 조갑제, 〈공수부대의 광주사태〉, 앞의 책, 61~71쪽.

43 S. L. A. Marshall, *Men Against Fire: The Problem of Battle Command in Future War*, William Morrow, 1947: 데이브 그로스먼, 《살인의 심리학》, 224~226쪽.

44 김영철, 〈광주사태를 재고한다·, 5·18 광주사태 계엄군 사태: 다 같은 피해자, 참회의 마음을: 광주사태에 투입된 어느 계엄군의 고백〉, 《월간경향》, 1988.3., 125~126쪽.

45 한국현대사사료연구소, 《광주오월민중항쟁사료전집》, 풀빛, 1990, 766~767쪽.

46 데이브 그로스먼, 《살인의 심리학》, 224~226쪽.

47 김영철, 〈광주사태를 재고한다·, 5·18 광주사태 계엄군 사태: 다 같은 피해자, 참회의 마음을: 광주사태에 투입된 어느 계엄군의 고백〉, 앞의 책, 127~129쪽.

48 한국현대사사료연구소, 《광주오월민중항쟁사료전집》, 1287~1288쪽.

49 Beatrice Krauss, Herbert Krauss, and Richard Kaplan, "Factors affecting veterans' decisions to fire weapons in combat situations", *International Journal of Group Tensions* 4, 1974, pp.105~111.

50 데이브 그로스먼, 《살인의 심리학》, 224~226쪽.

51 《노컷뉴스》, 2007.5.18.

52 한국현대사사료연구소, 《광주오월민중항쟁사료전집》, 1414~1415쪽.

53 같은 책, 1423쪽.

54 살해에 대한 거부감을 극복하는 데 핵심적인 역할을 수행하는 '정서적 거리'를 촉진하는 요소는 '문화적 거리'와 '도덕적 거리' 외에 '사회적 거리' '기계적 거리' 등이 포함된다. 사회적 거리는 "계층화된 사회적 환경에서 전 생애에 걸쳐 확립된 특정 계층을 인간 이하로 생각하는 사고방식의 영향력"을 뜻하며, 기계적 거리는 "텔레비전 화면, 열영상 야간투시경, 망원조준경 등 살해자가 피해자의 인간성을 부인하게 해주는 여러 기계적 완충 장치가 마치 닌텐도 게임을 하듯이 비현실적이고 건조하게 사람을 죽일 수 있게 해준다"는 통찰에서 비롯된 요인이다. 데이브 그로스먼, 《살인의 심리학》, 243~248쪽.

55 같은 책, 246~248쪽.

56 한국현대사사료연구소, 《광주오월민중항쟁사료전집》, 1427쪽.

57 같은 책, 1327~1328쪽.

58 같은 책, 1414~1415쪽.

59 《노컷뉴스》, 2007.5.18.

60 박병기, 《5·18 항쟁 증언자료집 III》, 전남대학교출판부, 2003, 250~253쪽.

61 이에 대해 최정운은 "'공산당'이라는 말은 '공산당과 마찬가지'라는 뜻으로 쓰인 비유였고, 적에게도 해서는 안 되는 비인간적 폭력을 정당화하는 이유이자, 욕이자 동시에 농담이었다"고 밝힌다. 최정운, 《오월의 사회과학》, 오월의봄, 2012, 304쪽.

62 박병기, 《5·18 항쟁 증언자료집 Ⅲ》, 250쪽.

63 김영철, 〈광주사태를 재고한다·, 5·18 광주사태 계엄군 사태: 다 같은 피해자, 참회의 마음을: 광주사태에 투입된 어느 계엄군의 고백〉, 앞의 책, 125쪽.

64 《노컷뉴스》, 2007.5.18.

65 데이브 그로스먼, 《살인의 심리학》, 232~234쪽.

66 조갑제, 〈공수부대의 광주사태〉, 앞의 책, 61~71쪽.

67 한국현대사사료연구소, 《광주오월민중항쟁사료전집》, 1499쪽.

68 《노컷뉴스》, 2007.5.18.

69 신상구, 〈한국군의 베트남 파병과 미군 유격 교리의 수용 과정〉, 《군사연구》149, 2020, 293~309쪽.

70 한국은 1964년 7월 31일 국회 본회의에서 베트남 파병안을 만장일치로 통과시켰다. 이후 1964년 9월 비전투부대인 이동외과병원과 태권도 교관단, 1965년 1월 건설지원단 등 1, 2차 파견에 이어 3차부터 전투부대를 파병한다, 1965년 9월 해병 제2여단(청룡부대)과 수도사단(-1)(맹호부대)이 출병했으며, 1966년 8월 수도사단 26연대와 제9사단(백마부대)이 파병된다. 송재익, 〈베트남 전시 한국군의 독자적 작전지휘권 행사와 채명신 사령관 역할 연구〉, 《군사연구》137, 2014, 67~93쪽.

71 신상구, 〈한국군 특수전사령부의 창설과 발전: 1950~1960년대를 중심으로〉, 앞의 책, 163~169쪽.

72 〈베트남전 발발 50주년 인터뷰: 맹호부대 재구대대 중대장으로 참전한 서경석 장군, "朴正熙 대통령의 참전 결정 재평가받아야"〉, 《월간조선》, 2014.3. http://monthly.chosun.com/client/news/ viw.asp?nNewsNumb=201403100032

73 신상구, 〈한국군 특수전사령부의 창설과 발전: 1950~1960년대를 중심으로〉, 앞의 책, 163~171쪽.

74 〈故 전두환 전 대통령(1931~2021) 연보〉, 《경남도민신문》, 2021.11.23. http://www.gndomin.com/news/articleView.html?idxno=297776

75 특전사의 베트남전 파병 경험에 대한 해석은 논란이 있을 수 있다. 그러나 민간인 학살 사건이 집중적으로 발생한 전투부대의 파병 초기에 추후 특전사의 모체가 되는 제1공수단 중 일부가 파병부대에 편제된 것을 고려할 필요가 있다. 또 정치사회학의 시선에서 군의 제노사이드의 경험 항목은 좁은 의미의 인적 연계에 국한되지 않는다. "6·25전쟁,

베트남전쟁을 겪으면서 우리는 이미 '싸우는 법(how to fight)'에 대한
노하우를 확립해놓았다고 생각해요. 선배들의 전투 경험은 우리 군에
DNA처럼 유전되고 있다는 거죠"라는 퇴역 장성의 지적처럼 학살에
노출된 경험이 있는 군인가 아닌가라는 지점이 주된 판단 기준이다.
〈베트남전 발발 50주년 인터뷰: 맹호부대 재구대대 중대장으로 참전한
서경석 장군, "朴正熙 대통령의 참전 결정 재평가받아야"〉, 앞의 책.

76   이신재, 〈베트남전쟁기 파월장병지원위원회의 설립과 활동〉,
      《군사연구》 152, 2020, 337~339쪽.

77   데이브 그로스먼, 《살인의 심리학》, 382~407쪽.

78   최정기, 〈한국군의 베트남 참전. 어떻게 기억되고 있는가?〉, 《민주주의와
      인권》 9(1), 전남대5·18연구소, 2007, 75~76쪽.

79   대통령기록관 https://www.pa.go.kr/research/contents/speech/
      index.jsp

80   한국현대사사료연구소, 《광주오월민중항쟁사료전집》, 1450~1453쪽.

81   같은 책, 1468~1471쪽.

82   〈"명령에 복종했을 뿐"… '충성'으로 뭉쳐 처벌 대비한 계엄군〉,
      《경향신문》, 2020.5.17.

83   같은 기사.

84   곽송연, 〈민주화 이행기 5.18 부인 전략 변화와 쟁점〉, 《기억과전망》 46,
      2022, 59~60쪽.

85   국방부5·18특별조사위원회. 《(5·18민주화운동 헬기 사격 및 전투기 출격
      대기 관련) 국방부 5·18특별조사위원회 조사 결과 보고서》, 2018.

86   《한국일보》, 2018.10.27.

87   〈5·18 계엄군의 눈물 "잊고 싶어도 잊히지 않아"〉, 《시사IN》 714호,
      2021.11.29.

88   《경향신문》, 2021.6.1.

2장. 대중은 왜 침묵했을까?

1   벤자민 발렌티노, 《20세기의 대량학살과 제노사이드》, 48쪽.

2   Robert G. L. Waite, "The Holocaust and historical explanation",
      Isidor Wallimann; Michael Dobkowski and Richard L. Rubenstein,
      eds, *Genocide and the Modern Age: Etiology and Case Studies of*

Mass Death, Greenwood Press, 1987, p.175, pp.177~179.

3   James J. Sheehan, "National socialism and German society", *Theory and Society* 13(6), 1984, pp.886~887.

4   벤자민 발렌티노, 《20세기의 대량학살과 제노사이드》, 53쪽, 73~75쪽, 112~113쪽; Helen M. Hintjens, "Explaining the 1994 genocide in Rwanda", *The Journal of Modern African Studies* 37(2), 1999, p.248.

5   이에 대한 자세한 논의는 스탠리 코언, 《잔인한 국가 외면하는 대중》, 조효제 옮김, 창비, 2009 참조.

6   같은 책, 234~251쪽.

7   〈광주사태에 대한 계엄사 발표 전문〉, 《경향신문》, 1980.5.31. 이하 담화문의 인용은 별도의 설명이 없는 한 이 자료에 해당한다.

8   5·18 기간 중 사망한 군인은 모두 23명이다. 이 중 9명은 5월 24일 광주시 남구 송암동에서 계엄군끼리의 오인 사격으로 숨졌다.

9   《매일경제》, 1980.5.26.

10 〈광주 소요 사건 해결책 강구: 군경 5명, 민간인 1명 사망〉, 《매일경제》, 1980.5.21.

11 〈"이성 회복 질서 유지를": 이 계엄사령관 광주사태에 담화〉, 《동아일보》, 1980.5.22.

12 〈광주사태에 대한 계엄사 발표 전문〉, 《경향신문》, 1980.5.31.

13 〈계엄사 발표, "김대중 일당의 내란음모 사건 수사 결과" 전문〉, 《경향신문》, 1980.7.4.

14 이에 대해 한 외국 신문은 "왜 이런 사태가 발생되었는가? 계엄사령부는 그 이유를 '불량배, 공산주의 및 그에 동조하는 불순분자'로 돌렸다. 그러나 나는 선동이나 조직 폭력의 기미를 찾을 수 없었다"고 논평한다. *Time*, 1980.6.2.; 〈말·논평·담화·보도를 따라 엮는 5·18 10년〉, 《월간예향》, 1990.5.

15 자세한 내용은 〈계엄사 발표, "김대중 일당의 내란음모 사건 수사 결과" 전문〉, 《경향신문》, 1980.7.4. 참조.

16 이에 대해 5·18 당시 광주통합병원 진료부장 직을 수행했던 이정웅씨는 데모 자금을 지급받은 것으로 지목된 복학생 대표 정동년씨가 사태 당시 이미 구속 중이었던 점, 수사 개시 15일 이후에야 갑작스레 제기된 점 등을 들어 "필요에 의해" 수사 도중 바뀐 계획이라는 설을 재확인한다. 김양현·강현정 편, 〈5·18항쟁 증언자료집 IV〉, 《5·18연구소 자료총서 4》, 전남대학교출판부, 2005, 185쪽. 이 사건은 2004년 재심 결과, 무죄를

선고받았다.

17 송정민, 〈뉴스의 현실 구성에 관한 연구: 뉴스 매체의 '5·18 광주항쟁' 보도를 중심으로〉, 서강대학교 박사학위 논문, 1994, 61쪽, 248~258쪽.

18 《조선일보》, 1980.5.25.

19 《서울신문》, 1980.5.25. 이 두 기사의 작성자 중 한 사람인 당시 조선일보 김대중 기자는 후일 1980년 5월 24일 계엄 당국의 지휘로 각 언론사 사회부장들과 광주의 외곽 지역에서 "망연히 바라"본 것뿐이라 고백했다. 〈악연으로 만났지만 그래도 사랑하는 광주〉, 《5·18 특파원리포트》, 풀빛, 1997, 288~289쪽.

20 《중앙일보》, 1980.5.26.

21 〈수출 타개의 방향〉, 《중앙일보》, 1980.5.29.; 〈혼란 계속되면 파국 가져와: 주장 내세우기 전에 조국 생각 먼저〉, 《서울신문》, 1980.5.30.; 임종명, 〈표상과 권력: 5월 광주항쟁의 전용〉, 《역사학연구》 29, 2007, 281쪽. 284~303쪽.

22 〈수출 크게 둔화〉, 《동아일보》, 1980.5.26.

23 《조선일보》, 1980.5.22.; 송정민, 〈뉴스의 현실 구성에 관한 연구: 뉴스 매체의 '5·18 광주항쟁' 보도를 중심으로〉, 앞의 책, 200쪽; 임종명, 〈표상과 권력: 5월 광주항쟁의 전용〉, 앞의 책, 296~297쪽.

24 Mancur Olson Jr., *The Logic of Collective Action: Public Goods and the Theory of Groups*, Harvard University Press, 1971.

25 벤자민 발렌티노, 《20세기의 대량학살과 제노사이드》, 80~81쪽.

26 Robert G. L. Waite, "The Holocaust and historical explanation", Ibid, p.175, pp.177~179.

27 김성, 〈5·18과 매스커뮤니케이션〉, 《5·18 민중항쟁사》, 광주광역시5·18사료편찬위원회, 2001, 338~339쪽, 341~342쪽.

28 《조선일보》, 1980.5.22.

29 UPI·AP·NYT·AFP, 1980.5.25., 〈말·논평·담화·보도를 따라 엮는 5·18 10년〉, 앞의 책.

30 전두환, '언론기관장 간담회', 1980.5.22., 〈말·논평·담화·보도를 따라 엮는 5·18 10년〉, 앞의 책.

31 추후 이들은 모두 관련 사진과 유인물 등을 배포했다는 이유로 옥고를 치르게 된다. 광주광역시 5.18사료편찬위원회 편, 《5·18민주화운동 자료총서 XI》, 1997, 208~210쪽.

32 5·18기념재단 편, 《5·18의 기억과 역사 5》, 2013, 172쪽.

33 같은 책, 234쪽, 345쪽.

34 같은 책, 704쪽.

35 같은 책, 404쪽,

36 데이브 그로스먼, 《살인의 심리학》, 315~317쪽.

37 손호철, 〈80년 5·18 항쟁: 민중항쟁인가, 시민항쟁인가?〉, 《현대 한국정치》, 사회평론, 1997, 353쪽.

38 K-공작계획의 K는 King의 첫 글자를 딴 암호로서 전두환 보안사령관을 대통령으로 추대한다는 의미를 담고 있다. 대한민국 재향군인회, 《12·12, 5·18 실록》, 대한민국재향군인회 편찬위원회, 1997, 221~222쪽.

39 실제 항쟁 당시 수습위원으로 활동했던 대부분의 교수, 변호사, 신부 등의 지식인은 당국의 엄청난 가혹 행위와 옥고, 해직, 감시 등의 고초를 감내해야 했으며, 정체불명의 괴한으로부터 테러를 당하는 일까지 있었다. 자세한 내용은 5·18기념재단 편, 《5·18의 기억과 역사 5》 참조.

40 신달자, 〈5월을 보내며〉, 《동아일보》, 1980.5.29.

41 이와 동시에 5·18 당시 항쟁에 직접 참여해 사태를 수습하고자 했던 광주 교구를 비롯한 전국 가톨릭 사제들의 진상규명 노력 역시 '지식인의 윤리적 책무'라는 견지에서 역사적·학술적 재조명이 필요하다.

42 심종섭 전 학술원 회장, 1988.2.10., 〈말·논평·담화·보도를 따라 엮는 5·18 10년〉, 앞의 책.

43 시인 서정주, 1988.2.10., 〈말·논평·담화·보도를 따라 엮는 5·18 10년〉, 앞의 책.

44 대표적으로 민정당 부설 국책연구소 이념연구실장을 지낸 김영작 국민대 교수, 중앙대 김민하 교수 등을 들 수 있다. 자세한 내용은 〈그들 지식은 역사 비튼 '흉기': 권력과 양심 바꾼 학자들(묻어둘 수 없는 과거 이젠 청산을: 2)〉, 《한겨레》, 1996.1.18. 참조.

45 유진현, 〈프랑스 문단과 과거청산〉, 안병직 외, 《세계의 과거사 청산》, 푸른역사, 2005, 118~119쪽.

46 오승용, 〈오늘의 5·18 쟁점과 진실〉, 오승용·한선·유경남 편, 《5·18 왜곡의 기원과 진실》, 심미안, 2012, 23~63쪽; 곽송연, 〈민주화 이후 5·18에 대한 부인(denial)의 정치학〉, 《아세아연구》 188, 2022, 144쪽. 이하 2장 4절의 내용은 같은 책, 134~137쪽, 148~149쪽, 155~158쪽의 내용을 발췌, 수정한 것임을 밝힌다.

47 김보경, 〈한국사회 과거청산 '부인(denial)' 연구: 인혁당 재건위 사건과 5.18 광주민주화운동을 중심으로〉, 성공회대학교 석사학위 논문, 2013,

101~102쪽.

48   Ewelina U. Ochab, "Denial Is the Final Stage Of Genocide, The
      Armenians Know It Best", *Forbes*, 2019.10.17.

49   Gregory H. Stanton, "The Ten Stages of Genocide", Genocide
      Watch, 2016. http://genocidewatch.net/genocide-2/8-stages-of-
      genocide/(검색일: 2022.1.16.)

50   René Lemarchand, *Forgotten Genocides*, University of Philadelphia,
      2011.

51   Genevieve Parent, "Genocide Denial: Perpetuating Victimization
      and the Cycle of Violence in Bosnia and Herzegovina (BiH)",
      Genocide Studies and Prevention: An International Journal 10(2),
      2016, pp.41~42.

52   Dunja Mijatovic, "Opinion: Genocide denial concerns us all", *Council
      of Europe*, 2020.11.7. https://www.coe.int/en/web/commissioner/-
      /opinion-genocide-denial-concerns-us-a-1?inheritRedirect=true
      &redirect=%2Fen%2Fweb%2Fcommissioner%2Fopinion-articles
      ennsylvania Press(검색일: 2022.1.15.)

53   Roger W. Smith, Eric Markusen and Robert Jay Lifton, "Professional
      ethics and denial of the Armenian genocide", *Holocaust and
      Genocide Studies* 9(1), 1995, pp.1~22.

54   Adam Jones, *The Scourge of Genocide: Essays and Reflections*,
      Routledge, 2013.

55   Israel Charny, "Classification of denials of the Holocaust and other
      genocides.", Samuel Totten, Paul R. Bartrop eds, *The Genocide
      Studies Reader*, Routledge, 2009, pp.517~518.

3장. 학살 그 후, 진실은 어떻게 가려졌는가?

1   이 글은 공식 기억을 '공권력의 영역에서 국가기관이 주조한 기억'으로,
     사회적 기억을 '좁은 의미의 사회적 기억이나 집합 기억을 포괄'하는
     의미로 사용한다. 이때 사회적 기억은 '기억 투쟁 과정을 거쳐 지배적
     기억dominant memory에 가깝게 된 기억'이다. 사회적 기억에 대한 자세한
     논의는 Maurice Halbwachs, tr. Francis J. Ditter Jr., Vida Yazdi

Ditter, *The Collective Memory*, Harper, 1980; 김영범, 〈집합 기억의 사회사적 지평과 동학〉, 지승종 외, 《사회사 연구의 이론과 실제》, 1998, 한국정신문화연구원 참조.

2 Victor Roudometof, *Collective Memory, Natural Identity, and Ethnic Conflict*, Prager. 2002.

3 Barry Schwartz, "Memory as a Cultural System: Abraham Lincoln in World War II", *American Social Review* 61(5), 1996, pp.908~927.

4 송준서, 〈스탈린 정부의 반유대주의와 제2차 대전 기억 만들기〉, 《국제지역연구》 17(2), 2013, 144~158쪽.

5 5·18은 사건 자체에 내장된 중층적 성격 탓에 단일하게 규정하기 어려운 지점이 있다. 사건 자체의 복합적 특성을 보여주는 대표적인 사례가 5·18 연구 초기 성격 논쟁이다. 주로 저항의 성격을 둘러싼 '항쟁'이냐, '민주화운동'이냐의 논란은 양자의 성격을 동시에 내포하는 사건 자체의 본질적 특성에서 기인한 측면이 크다. 마찬가지로 폭력의 성격 차원에 집중해볼 때 5·18은 국가폭력이거나 학살이거나 어느 한쪽을 택일해야 하는 것이 아니라 양자의 특성을 동시에 가지고 있다고 보는 것이 타당하다. 다만 이 글은 5·18에 내장된 폭력의 성격 중 정치적 학살의 측면에 집중해 국가의 정당화 전략을 탐색한다. 이에 대한 자세한 내용은 뒤따르는 4장에서 본격적으로 다룬다.

6 허버트 허시, 《제노사이드와 기억의 정치》, 강성현 옮김, 책세상, 2009, 21쪽, 51쪽, 132~139쪽, 141~146쪽.

7 신군부의 쿠데타는 12·12 이후 여러 단계를 거쳐 긴 시간 동안 권력 탈취를 완성한 다단계 쿠데타의 성격을 띤다. 그 구체적인 과정은 다음과 같다. 1) 1단계(1979.10.26.~1979.12.12.): 군을 장악하기 위한 사전 모의, 준비 과정, 2) 2단계(1979.12.12.~1980.4.14.): 군을 장악한 신군부가 자신들의 권력 구도에 맞춰 군을 재편하는 한편, 다른 국가기구들의 장악 준비에 들어선 시기, 3) 3단계(1980.4.14.~1980.5.17.): 전두환 합동수사본부장이 1980년 4월 14일 중앙정보부장서리를 겸임하면서 본격적으로 행정부 전반에 대한 장악에 나서는 시기, 4) 4단계(1980.5.17.~1980.5.27.): 비상계엄 확대 조치와 함께 정치권과 민주화운동 세력에 대한 전면전을 통해 이들을 무력으로 항복시키는 시기, 5) 5단계(1980.5.27.~1980.8.27.): 광주에서 거둔 '승리'로 사회 전체에 대해 실권을 장악한 뒤 국보위를 통해 사회 전반에 걸쳐 반대 세력을 제거하고, 유신헌법에 따라 대통령으로 추대된 시기 등이다.

손호철, 《현대 한국정치》, 352~353쪽.

8 1983년 2월부터 전두환 정부에서 단계적으로 시행한 정치적 유화 조치로 정식 명칭은 '국민화합조치'이다. 이 조치는 구속자 석방, 사면, 복권, 제적생 복교, 학원 상주 경찰의 철수, 해직 교수 복직, 시위자 구속 유보 등의 학원자율화와 정치인 해금 등이 주요 내용이다. 이러한 유화 조치가 단행된 이유는 1983년 11월 레이건 대통령의 방한 과정에서 미국 행정부의 정치적 압력이 있었으며, 1986년 아시안게임과 1988년 올림픽 개최를 대비해 대내외적인 정당성 확보가 필요했기 때문이라는 분석이 있다. 한국민족문화대백과사전 https://encykorea.aks.ac.kr/Article/ E0073746(검색일 2023.3.26.)

9 이러한 전체주의적 지배양식은 앞서 밝힌 1983년 자유화 조치로 독재의 외양에 변화를 가져온 듯 보였지만, 뒤에서 다룰 이데올로기적 담론 구성체를 중심으로 한 지배 효과 면에서는 일관된 경직성을 고수하고 있었다.

10 정해구, 《전두환과 80년대 민주화운동》, 역사비평사, 2011, 82~84쪽.

11 정인수, 〈수구 세력과 과거사 청산: 삼청교육대 피해자의 고백〉, 《월간 말》 220호, 2004.10.

12 한나 아렌트, 《전체주의의 기원 2》, 이진우·박미애 옮김, 한길사, 2006, 233~234쪽.

13 같은 책, 237쪽.

14 정해구, 《전두환과 80년대 민주화운동》, 82~84쪽.

15 이 시기 언론에 대한 국가의 제도적 통제 양상은 권력에 대한 비판과 감시라는 언론 본연의 역할을 기대하기 어려운 담론 외적 환경이 조성되었음을 나타낸다. 이는 5·18 이후 전두환의 통치 기간 내내 국가 주도 공식 기억 재구성의 권위가 극대화된 상황이었음을 나타낸다.

16 정해구, 《전두환과 80년대 민주화운동》, 82~94쪽; 진실과 화해를 위한 과거사정리위원회, 《진실화해위원회 종합보고서 1, 2, 3》, 2010, 248쪽.

17 http://www.pa.go.kr/online_contents/index_record.html(검 색일:2012.6.29.~2012.7.9. 2013.6.10.~2013.10.2.) 이하 특별한 언급이 없는 한 본문에 인용된 전두환 연설문의 출처는 대통령기록관 연설 자료임을 밝힌다.

18 로저 스미스, 〈인간의 파괴와 정치〉, 이시도르 왈리만 외 편, 《현대사회와 제노사이드》, 64~88쪽.

19 신진욱, 〈한국사회에서 저항의 고조기의 정체성 정치의 특성:

1970~1980년대 저항 정체성 담론과 광주항쟁〉, 《경제와사회》 90, 2011, 245쪽.

20 한나 아렌트, 《전체주의의 기원 2》, 194~198쪽.

21 《경향신문》, 1980.5.31.

22 한나 아렌트, 《전체주의의 기원 2》, 233~234쪽.

23 신진욱, 〈비판적 담론 분석과 비판적·해방적 학문〉, 《경제와사회》 89, 2011, 25쪽.

24 같은 책, 26~27쪽.

25 김무용, 〈한국 현대사와 5·18 민중항쟁의 자화상〉, 학술단체협의회 편, 《5·18은 끝났는가》, 푸른숲, 1999, 123쪽.

26 Richard Lawrence Miller, *Nazi Justiz: Law of the Holocaust*, Praeger, 1995.

27 허버트 허시, 《제노사이드와 기억의 정치》, 61~66쪽.

28 염미경, 〈전쟁 연구와 구술사: 아래로부터의 한국전쟁 연구를 위한 새로운 방법론〉, 《동향과전망》 51, 2001, 223쪽.

29 허버트 허시, 《제노사이드와 기억의 정치》, 55~56쪽.

30 신진욱, 〈비판적 담론 분석과 비판적·해방적 학문〉, 앞의 책, 27쪽.

31 김대원, 〈5·18 보도와 지역성: 부산, 대구, 광주 지역 언론의 '5·18' 5, 15, 25주기 보도를 중심으로〉, 연세대학교 언론홍보대학원 석사학위 논문, 2006, 59쪽.

32 신진욱, 〈비판적 담론 분석과 비판적·해방적 학문〉, 앞의 책, 29쪽.

33 김진국, 〈지역민 간 편견적 태도 연구〉, 《학생생활연구》 16, 1984, 1~27쪽.

34 박정순, 〈지역감정 문제의 본질: 실상과 허상〉, 《사회과학연구》 5, 1989, 194~196쪽.

35 최정운, 《오월의 사회과학》, 315~317쪽.

36 김상봉, 〈항쟁공동체와 지양된 국가〉, 《민주주의와 인권》 10(3), 2010, 17~18쪽, 34~35쪽, 45쪽.

37 최정운, 《오월의 사회과학》, 319~327쪽.

38 '광수'란 대표적인 5·18 부인론자인 지만원이 '1980년 5월 광주에 파견된 북한특수군'이라는 의미로 사용한 용어다. 지만원에 의해 제43 광수이자 북한 국가안전보위부 제1부부장 우동측이라고 지목된 이는 5·18 당시 시민군 총기수거반으로 활동했던 최영규씨인 것으로 밝혀졌다. 계엄군의 발포로 시민들이 숨지자 시위에 참여했던 최씨는 현재 대전에서 30년간 영어 교사로 재직 중이다. 한편 지만원은

5·18민주화운동에 참여한 시민을 '북한특수군'이라 칭하며 명예를 훼손한 혐의로 실형이 확정되어 2023년 1월 16일 구치소에 수감됐다. 〈지만원이 '43광수'로 지목한 청년… 5·18 폄훼 증거가 바로 접니다〉, 《한겨레》, 2020.2.25.; 〈'5·18 북한군 개입설' 지만원, 서울구치소 수감… 징역 2년 복역〉, 《한겨레》, 2023.1.16.

4장. 학살은 왜 일어나나?

1   쿠퍼의 정의에서 '다원적 사회'는 우리가 흔히 알고 있는 다원주의pluralism의 개념과는 전혀 다른 의미다. 즉 그가 제노사이드의 발생 원인을 논하기 위해 도입한 다원적 사회의 개념은 쪼개지고, 분할된 사회적 조건을 강조하기 위한 부정적 용례에 가깝다. Leo Kuper, *Genocide*, Yale University Press, 1981, pp.57~58.

2   Alexander Laban Hinton, "The Dark Side of Modernity: Toward an Anthropology of Genocide", Alexander Laban Hinton eds., *Annihilating Difference: The Anthropology of Genocide*, University of California Press, 2002, p.29.

3   Helen Fein, "Accounting for Genocide after 1945: Theories and Some Findings", *International Journal on Group Rights* 1, 1993, pp.88~92.

4   벤자민 발렌티노, 《20세기의 대량학살과 제노사이드》, 38~62쪽.

5   Barbara Harff, "No Lessons Learned from the Holocaust? Assessing Risks of Genocide and Political Mass Murder since 1955", Ibid., p.58, pp.94~95.

6   Barbara Harff and Ted Robert Gurr. "Toward Empirical Theory of Genocides and Politicides: Identification and Measurement of Cases since 1945.", *International Studies Quarterly* 32(3), 1988, p.360, p.363.

7   Ibid., pp.368~369.

8   Barbara Harff, "No Lessons Learned from the Holocaust? Assessing Risks of Genocide and Political Mass Murder since 1955", Ibid., p.62, pp.98~99.

9   〈교수 학생 좌담, 학원 사태 대결보다 대화로〉, 《동아일보》,

1980.4.16.; 김준, 〈1980년의 정세 발전과 대립 구도〉, 정해구 편,
《광주민중항쟁연구》, 사계절, 1990, 133쪽.

10 〈20일 개회, 임시국회 소집 공고〉, 《동아일보》, 1980.5.17.

11 《銃口와 權力: 5.18 수사기록 14만 페이지의 證言》, 조선일보사, 1999,
243쪽.

12 Don Oberdorfer, *The Two Koreas: A Contemporary History*, Basic
Books, 1997, p.125.

13 《조선일보》, 1996.4.23.; 대한민국 재향군인회, 《12·12 5·18 실록》,
대한민국 재향군인회 편찬위원회, 1997, 221~222쪽.

14 손호철, 《현대 한국정치》, 387쪽.

15 최정운, 《오월의 사회과학》, 308~309쪽.

16 Barbara Harff, "No Lessons Learned from the Holocaust? Assessing
Risks of Genocide and Political Mass Murder since 1955", Ibid.,
pp.92~93, pp.98~100.

17 사회 균열 개념의 등장 이후 "사회 균열이란 무엇인가 혹은 사회
균열을 어떻게 측정할 것인가라는 질문에 다양한 학문적 견해가
제시되어왔으나 여전히 확립된 정의나 측정 방법은 존재하지 않는
것"으로 파악된다. 그럼에도 다양한 학자들의 견해를 검토한 김민전의
분류에 따르면, 일반적으로 사회 균열은 '전통적 사회적 특징에 의한
구분'과 '세계관 및 의식에 의한 구분'으로 나눌 수 있다. 김민전,
〈집단 정체성, 사회 균열, 그리고 정치 균열〉, 강원택 편, 《한국인의
국가정체성과 한국정치》, 동아시아연구원, 2007, 45쪽. 이 글에서는
사회 균열과 정치 균열의 개념을 분리해 사용하며, 사회 균열의 정의에
있어서도 갈등이 활성화된 균열을 중심으로 보지 않고, 잠재적 균열까지
포함한 것으로 본다. 따라서 1980년 당시 사회 균열 중 하나로 지목된
지역(주의)은 잠재적 균열로서의 사회 균열이다. 또한 정치적 태도와
행위로 구성되는 정치 균열은 주로 정치적 태도와 관련된 균열을
의미하는 것으로 제한해 사용한다.

18 민주화 세력 내부 응집력의 한계에 대한 자세한 논의는 김준, 〈1980년의
정세 발전과 대립 구도〉, 앞의 책, 135~147쪽 참조.

19 1987년 6월 당시 지배 집단의 일체감 정도에 대해서는 논란의 여지가
있다. 이에 대해 임혁백은 민주화를 권력 블록과 반대 세력의 내부동학
각각의 내부 응집력과 온건파/급진파의 전략적 선택의 결과로
설명하면서 '1987년의 경우 노태우로 대표되는 체제 내 개방파'가

존재했고, 반대 세력 역시 직선 대통령제라는 헌법 개정에 집중해
최대다수연합을 형성한 결과 타협에 의한 민주화가 가능했다고
주장한다. 임혁백, 〈한국에서의 민주화 과정 분석: 전략적 선택 이론을
중심으로〉, 《한국정치학회보》, 24(1), 70~71쪽. 반면 손호철은 '1987년
당시 지배 블록은 온건파와 강경파로 분열되지 않았을 뿐 아니라
전체적으로 강경파의 입장을 고수'했고, 반대 세력 역시 투쟁 방식에서
최대주의로 단결해 정면충돌하는 과정에서 미국의 민주화 지지까지
겹쳐 힘의 역관계가 반대 세력의 우위로 나타남에 따라 반대 세력이
지배 블록을 온건파로 변신하도록 강제한 결과라고 밝힌다, 손호철,
《현대 한국정치》, 338쪽, 391~392쪽. 이 글에서는 1987년 지배 집단의
일체감은 비교의 대상인 1980년에 비해 상대적으로 일체감이 낮았으나,
지배 집단의 명시적인 분열이 없었다는 측면에 집중해 일체감은
높았다고 파악한다.

20 최정운, 《오월의 사회과학》, 126쪽.

21 박상훈, 《만들어진 현실》, 55~56쪽.

22 Barbara Harff, "No Lessons Learned from the Holocaust? Assessing
Risks of Genocide and Political Mass Murder since 1955", Ibid., p.70,
pp.92~93.

23 '육군본부. 육군 참고 자료지-작전명령 및 지시의 육본 작상전 제0-
232호', 이삼성, 〈광주학살, 미국·신군부의 협조와 공모〉, 《역사비평》 36,
1996, 80쪽.

24 브루스 커밍스에 따르면, 제2차 세계대전 이후 미국의 대외 정책은
'미국 헤게모니 체제'의 성립과 발전으로 특징지을 수 있다. 딘 애치슨의
구상과 조지 캐넌의 공작이 낳은 미국 헤게모니 체제의 고유한 개념은
'군사력Power과 경제력Economy이 혼합된 개념'이다. 이 같은 헤게모니
체제는 '초기 형성 단계에서는 체제의 외연적 한계와 영토적 경계를
가르는 데 군사적, 전략적 고려가 절대적인 요인'이 되지만 '체제가
성숙하게 되면 군사력이 아니라 복합적 관계―주로 경제 관계―에
기초한 국가 간의 발전적, 자동적 상호 보완 적응으로 변화'하는 특징을
보인다. 브루스 커밍스, 〈냉전 구조들과 한반도의 지역적·전 지구적
안보〉, 황정아 옮김, 《창작과비평》 112, 2001, 41~42쪽.

25 커스틴 셀라스, 《인권, 그 위선의 역사》, 오승훈 옮김, 은행나무, 2003,
215~216쪽, 234쪽.

26 정성철, 〈관료정치와 카터 행정부의 주한미군 철수 정책〉, 《세계정치》

28(2), 2005, 191~193쪽.

27 박인숙, 〈카터 행정부와 '봉쇄군사주의'의 승리〉, 《미국사연구》 27, 2008, 155쪽.

28 커스틴 셸라스, 《인권, 그 위선의 역사》, 227쪽, 237쪽.

29 "Military Rule in South Korea Gives White House a Major Challenge; Problem Tied to Security Information Not Complete", *New York Times*, 1980.5.29.; 이수인·전원하, 〈광주5월민중항쟁 전후의 국제정세와 미국의 대한 정책〉, 전남대학교 5·18연구소 편, 《5·18 민중항쟁과 정치·역사·사회 2》, 심미안, 2007, 555~558쪽.

30 Anthony Sampson, *The Money Lenders*, Penguin Books, 1983, p.224; 손호철, 《현대 한국정치》, 302쪽에서 재인용.

31 "American in Seoul for Loan Talks At Tense Time in U.S.-Korea Ties; Leverage for United States Draft Charter Is Due in July", *New York Times*, 1980.6.3.; 이수인·전원하, 〈광주5월민중항쟁 전후의 국제정세와 미국의 대한 정책〉, 앞의 책, 556쪽.

32 〈1970-90년 현대사 재조명 실록 민주화운동: 제4부 6·29선언과 이한열 백만 장례 행렬〉, 《경향신문》, 2005.1.13.

33 브루스 커밍스, 〈냉전 구조들과 한반도의 지역적·전 지구적 안보〉, 앞의 책, 26쪽.

34 Barbara Harff, "No Lessons Learned from the Holocaust? Assessing Risks of Genocide and Political Mass Murder since 1955", Ibid., pp.62~62.

35 Alfred Stepan, *Authoritarian Brazil: Origins, Policies and Future*, Yale University Press, 1973, p.51; 양병기, 〈한국의 군부정치에 관한 연구〉, 앞의 책, 177쪽.

36 김영명, 《군부정치론》, 녹두, 1986, 23~24쪽.

37 《매일경제》, 1980.5.1.

38 김덕한, 〈계엄사에 나타난 12·12, 5·18에 대한 합수부 측 시각-12·12: 김재규에 협력한 정승화 수사는 당연, 5·18: 경찰력 한계에 봉착, 군 개입 정당〉, 앞의 책, 393쪽.

39 곽송연, 〈정치적 학살(politicide) 이론의 관점에서 본 가해자의 학살 동기 분석〉, 《민주주의와 인권》 13(1), 2013, 23~24쪽.

40 손광주, 〈황영시 5·18 계엄사령관 '탱크로 폭도 진압하라' 명령했다〉, 앞의 책, 268~271쪽.

오월의 정치사회학

41   광주광역시 5·18사료편찬위원회, 〈말·논평·담화·보도를 따라 엮는 5·18
      10년〉, 《5·18 광주민주화운동자료총서 14》, 1997, 324~326쪽.

42   Barbara Harff, "No Lessons Learned from the Holocaust? Assessing
      Risks of Genocide and Political Mass Murder since 1955", Ibid.,
      pp.62~63.; 곽송연, 〈정치적 학살(politicide) 이론의 관점에서 본
      가해자의 학살 동기 분석〉, 앞의 책, 24~25쪽.

43   Barbara Harff, "No Lessons Learned from the Holocaust? Assessing
      Risks of Genocide and Political Mass Murder since 1955", Ibid.,
      pp.62~63, p.70.

44   〈치안 확보엔 자신, 협력 요망, 삼일절 경비에 수도경찰청장 경고〉,
      《경향신문》, 1948.2.29.; 〈반공대회 문제로 험악, 윤 장관 의원 간 심각한
      응수〉, 《동아일보》, 1948.9.28.

45   《동광신문》 1949.3.15.; 김무용 〈정부 수립 전후 시기 국민 형성의
      동종화와 정치 학살의 담론 발전〉, 《아세아연구》 53, 2010, 재인용.

46   진실과 화해를 위한 과거사정리위원회 편, 《2007년 상반기
      조사보고서》, 2007, 361쪽.; 진실과 화해를 위한 과거사정리위원회
      편, 《2007년 하반기 조사보고서》, 2007, 647쪽; 진실과 화해를 위한
      과거사정리위원회 편, 《2008년 상반기 조사보고서》, 2008, 693쪽.

47   진실과 화해를 위한 과거사정리위원회 편, 《2009년 상반기
      조사보고서》, 2009, 7쪽, 303쪽, 536쪽.

48   권헌익, 《학살, 그 이후》, 유강은 옮김, 아카이브, 2012, 59~67쪽.

49   정희상, 〈한국의 첫 인정 "베트남전 민간인 학살은 명백한 불법"〉,
      《시사IN》 806호, 2023.3.1.

50   김현아, 《전쟁의 기억 기억의 전쟁》, 책갈피, 2002, 106~109쪽.

51   김동춘에 따르면, 한국사회에서 양민의 의미는 전쟁 경험에서
      유래한 독특한 의미망을 형성하고 있는데, 그것은 '적에 의해 죽은
      민간인'에게만 해당되는 의미 구조라는 점이다. 한국에서 "남한군이나
      미군에 의해 희생된 민간인은 결코 '양민'일 수 없으며, 그들은
      '적'이었거나 '잠재된 적'이었을 뿐"이었다. 김동춘, 《전쟁과 사회》,
      227쪽. 그런 의미에서 군의 작전 도중 우발적 실수로 일부 양민이
      희생됐다는 양민 희생 담론은 한편으로는 빨갱이 처형이라는 신화화된
      담론에 흠집을 내고 있지만, 다른 한편으로는 '전쟁 시 빨갱이들에 대한
      처형은 긍정을 전제했다는 점에서 국가 공식 담론과 타협한 결과물'이라
      볼 수 있다. 안현주, 〈역사 학습을 통한 한국전쟁 전후 민간인 학살

사건의 재개념화〉, 《역사교육연구》 8. 2008, 109~111쪽.

52 박정석, 〈전쟁과 고통: 여순사건에 대한 기억〉, 《역사비평》 64, 2003,
    350쪽.

53 한국현대사사료연구소, 《광주오월민중항쟁사료전집》, 987~988쪽.

54 김백영·김민환, 〈학살과 내전, 공간적 재현과 담론적 재현의 간극:
    거창사건 추모공원의 공간 분석〉, 《사회와역사》 78, .2008, 5~33쪽.

55 이준성·정한웅, 〈미얀마 군부의 로힝자족 탄압과 대응 방안〉,
    《한국사회과학연구》 39(1), 2020, 159~202쪽.

56 김성현·김재학·배종윤, 〈인도주의적 개입 결정 과정에 대한 연구:
    대통령-의회 관계를 중심으로 본 미국의 리비아 및 시리아 개입 사례〉,
    《국제지역연구》 27(1), 2023, 69~70쪽.

57 〈시리아 내전 10년… 민간인 사망 38만 명·난민 1천200만 명〉,
    《연합뉴스》, 2021.3.12

58 Alan J. Kuperman, "The Moral Hazard of Humanitarian
    Intervention: Lessons from the Balkans", *International Studies
    Quarterly* 52 (1), 2008, pp.49~80.

59 Matthew Krain, "J'accuse! Does Naming and Shaming Perpetrators
    Reduce the Severity of Genocides or Politicides?", *International
    Studies Quarterly*, 56(3), 2012, p.574~589.

60 Darren G. Hawkins, *International Human Rights and Authoritarian
    Rule in Chile*, University of Nebraska Press, 2002.

61 〈국제 인권단체 "베이징 올림픽 보이콧해야": 휴먼라이츠워치 등 243개
    단체 "집단학살 등 인권 유린 저지해야" 성명〉, 《프레시안》, 2022.1.28.

62 〈"한국, 정적들 제거에 힘써"… 민주주의 지수 8단계 강등〉, 《노컷뉴스》,
    2023.2.3.

오월의 정치사회학

곽송연, 〈정치적 학살(politicide) 이론의 관점에서 본 가해자의 학살 동기 분석〉, 《민주주의와인권》 13(1), 2013.

곽송연, 〈민주화 이행기 5·18 부인 전략 변화와 쟁점〉, 《기억과전망》 46, 2022.

곽송연, 〈민주화 이후 5·18에 대한 부인(denial)의 정치학〉, 《아세아연구》 188, 2022.

광주광역시 5·18사료편찬위원회, 〈말·논평·담화·보도를 따라 엮는 5·18 10년〉, 《5·18 광주민주화운동자료총서 14》, 1997.

광주매일 정사 5·18특별취재반, 《정사 5·18》, 사회평론, 1995.

국방부5·18특별조사위원회. 《(5·18민주화운동 헬기 사격 및 전투기 출격 대기 관련) 국방부 5·18특별조사위원회 조사 결과 보고서》, 2018.

권현익, 《학살, 그 이후: 1968년 베트남전 희생자들에 대한 추모의 인류학》, 유강은 옮김, 아카이브, 2012.

그로스먼, 데이브, 《살인의 심리학》, 이동훈 옮김, 플래닛, 2011(*On Killing: The Psychological Cost of Learning to Kill in War and Society*, Back Bay Books, 1996).

김대원, 〈5·18 보도와 지역성: 부산, 대구, 광주 지역 언론의 '5·18' 5, 15, 25주기 보도를 중심으로〉, 연세대학교 언론홍보대학원 석사학위 논문, 2006.

김덕한, 〈계엄사에 나타난 12·12, 5·18에 대한 합수부 측 시각-12·12: 김재규에

협력한 정승화 수사는 당연, 5·18: 경찰력 한계에 봉착, 군 개입 정당〉,
  《월간조선 별책부록》, 1995.9.

김동춘, 《전쟁과 사회; 우리에게 한국전쟁은 무엇이었나?》, 돌베개, 2000.

김무용, 〈한국 현대사와 5·18 민중항쟁의 자화상〉, 학술단체협의회 편, 《5·18은
  끝났는가: 5·18 민중항쟁과 한국사회의 진로》, 푸른숲, 1999.

김무용, 〈정부 수립 전후 시기 국민 형성의 동종화와 정치 학살의 담론 발전〉,
  《아세아연구》 53, 2010, 41~81쪽.

김민전, 〈집단 정체성, 사회 균열, 그리고 정치 균열〉, 강원택 편, 《한국인의
  국가정체성과 한국정치》, 동아시아연구원, 2007.

김백영·김민환, 〈학살과 내전, 공간적 재현과 담론적 재현의 간극: 거창사건
  추모공원의 공간 분석〉, 《사회와역사》 78, 2008, 5~33쪽.

김보경, 〈한국사회 과거청산 '부인(denial)' 연구: 인혁당 재건위 사건과
  5·18광주민주화운동을 중심으로〉, 성공회대학교 석사학위 논문, 2013.

김상봉, 〈항쟁공동체와 지양된 국가〉, 《민주주의와인권》 10(3), 2010.

김성, 〈5·18과 매스커뮤니케이션〉, 《5·18 민중항쟁사》,
  광주광역시5·18사료편찬위원회, 2001.

김성현·김재학·배종윤, 〈인도주의적 개입 결정 과정에 대한 연구: 대통령-
  의회 관계를 중심으로 본 미국의 리비아 및 시리아 개입 사례〉,
  《국제지역연구》 27(1), 2023.

김양현·강현정 편, 〈5·18항쟁 증언자료집 IV〉, 《5·18연구소 자료총서 4》,
  전남대학교출판부, 2005.

김영명, 《군부정치론》, 녹두, 1986.

김영범, 〈집합 기억의 사회적 지평과 동학〉, 지승종 외, 《사회사 연구의
  이론과 실제》, 한국정신문화연구원, 1998.

김영철, 〈광주사태를 재고한다, 5·18 광주사태 계엄군 사태: 다 같은 피해자,
  참회의 마음을-광주사태에 투입된 어느 계엄군의 고백〉, 《월간경향》,
  1988.3.

김준, 〈1980년의 정세 발전과 대립 구도〉, 정해구 편, 《광주민중항쟁연구》,
  사계절, 1990.

김진국, 〈지역민 간 편견적 태도 연구〉, 《학생생활연구》 16, 1984.

김현아, 《전쟁의 기억 기억의 전쟁: 베트남과 친구 되기》, 책갈피, 2002.

노영기, 〈이응준, 자랑스런 황군 가야마〉, 《내일을여는역사》 16, 2004.

대한민국 재향군인회, 《12·12, 5·18 실록》, 대한민국재향군인회 편찬위원회,
  1997.

박병기, 《5·18항쟁 증언자료집 III: 시민군들의 구술》, 전남대학교출판부, 2003.

박상훈, 《만들어진 현실: 한국의 지역주의, 무엇이 문제이고, 무엇이 문제가 아닌가》, 후마니타스, 2009.

박인숙, 〈카터 행정부와 '봉쇄군사주의'의 승리〉, 《미국사연구》 27, 2008.

박정석, 〈전쟁과 고통: 여순사건에 대한 기억〉, 《역사비평》 64, 2003.

박정순, 〈지역감정 문제의 본질: 실상과 허상〉, 《사회과학연구》 5, 1989.

발렌티노, 벤자민, 《20세기의 대량학살과 제노사이드》, 장원석·허호준 옮김, 제주대학교출판부, 2006(*Final Solutions: Mass Killing and Genocide in the 20th Century*, Cornell University Press, 2003).

브라우닝, 크리스토퍼, 《아주 평범한 사람들 101 예비경찰대대와 유대인 학살》, 이진모 옮김, 책과함께, 2010(Ordinary Men Reserve Police Battalion 101 and the Final Solution in Poland, 1998, New York: Harper Perennial).

셀라스, 커스틴, 《인권, 그 위선의 역사》, 오승훈 옮김, 은행나무, 2003(*The Rise and Rise of Human Rights: Human Rights and Modern War*, Sutton Publishing, 2002).

손광주, 〈황영시 5·18 계엄사령관 탱크로 폭도 진압하라 명령했다〉, 《신동아》, 1996.2.

손호철, 《현대 한국정치: 이론과 역사》, 사회평론. 1997.

송정민, 〈뉴스의 현실 구성에 관한 연구: 뉴스 매체의 '5·18광주항쟁' 보도를 중심으로〉, 서강대학교 박사학위 논문, 1994.

송준서, 〈스탈린 정부의 반유대주의와 제2차 대전 기억 만들기〉, 《국제지역연구》 17(2), 2013.

스미스, 로저, 〈인간의 파괴와 정치〉, 이시도르 왈리만 외 편, 《현대사회와 제노사이드》, 장원석·강경희·허호준·현신웅 옮김, 각, 2005("Human destructiveness and politics the twentieth century as an age of genocide", Isidor Wallimann, Michael Dobkowski and Richard L. Rubenstein, eds. *Genocide and the Modern Age: Etiology and Case Studies of Mass Death*, Greenwood Press, 1987)

신진욱, 〈비판적 담론 분석과 비판적·해방적 학문〉, 《경제와사회》 89, 2011.

신진욱, 〈한국사회에서 저항의 고조기의 정체성 정치의 특성: 1970~1980년대 저항 정체성 담론과 광주항쟁〉, 《경제와사회》 90, 2011.

안현주, 〈민간인 학살, 학살의 지속성, 반공 이데올로기, 양민희생 담론, 역사

학습을 통한 재개념화〉,《역사교육연구》8, 2008.

양병기, 〈한국의 군부정치에 관한 연구〉,《한국정치학회보》27(1), 1994.

염미경, 〈전쟁 연구와 구술사: 아래로부터의 한국전쟁 연구를 위한 새로운
    방법론〉,《동향과전망》51, 2001.

아렌트, 한나,《전체주의의 기원 1, 2》, 이진우·박미애 옮김, 한길사, 2006(*The
    Origins Of Totalitarianism*, Harper Collins, 1973).

오승용, 〈오늘의 5·18 쟁점과 진실〉, 오승용·한선·유경남 편,《5·18 왜곡의
    기원과 진실》심미안, 2012

유진현, 〈프랑스 문단과 과거청산〉, 안병직 외,《세계의 과거사 청산: 역사와
    기억》, 푸른역사, 2005.

이삼성,《20세기의 문명과 야만: 전쟁과 평화, 인간의 비극에 관한 정치적
    성찰》, 한길사, 1998.

이삼성, 〈광주학살, 미국·신군부의 협조와 공모〉,《역사비평》36, 1996.

이수인·전원하, 〈광주5월민중항쟁 전후의 국제 정세와 미국의 대한 정책〉,
    전남대학교5·18연구소 편,《5·18 민중항쟁과 정치·역사·사회 2》, 심미안,
    2007.

이준성·정한웅, 〈미얀마 군부의 로힝자족 탄압과 대응 방안〉,
    《한국사회과학연구》39(1), 2020.

임종명, 〈표상과 권력: 5월 광주항쟁의 전용〉,《역사학연구》29, 2007.

임지현·지그문트 바우만 대담, 〈악의 평범성에서 악의 합리성으로:
    홀로코스트의 신성화를 경계하며〉,《당대비평》21, 2003.

임혁백, 〈한국에서의 민주화 과정 분석: 전략적 선택 이론을 중심으로〉,
    《한국정치학회보》24(1), 1990.

정성철, 〈관료정치와 카터 행정부의 주한미군 철수 정책〉,《세계정치》28(2),
    2005.

정인수, 〈수구 세력과 과거사 청산: 삼청교육대 피해자의 고백〉,《월간말》
    220호, 2004.10.

정해구,《전두환과 80년대 민주화운동: '서울의봄'에서 군사정권의 종말까지》,
    역사비평사, 2011.

정해구, 〈군 작전의 전개 과정〉,《5·18 민중항쟁과 정치, 역사, 사회 3》, 심미안,
    2007.

조갑제, 〈공수부대의 광주사태〉,《월간조선》, 조선일보사, 1988.7.

조희연, 〈박정희 시대의 강압과 동의: 지배·전통·강압과 동의의 관계를 다시
    생각한다〉,《역사비평》67, 2004, 16쪽.

진실과화해를위한과거사정리위원회, 《2007년 상반기 조사보고서》, 2007.

진실과화해를위한과거사정리위원회, 《2008년 상반기 조사보고서》, 2008.

진실과화해를위한과거사정리위원회, 《2009년 상반기 조사보고서》, 2009.

진실과화해를위한과거사정리위원회, 《진실화해위원회 종합보고서 1, 2, 3》, 2010.

최정기, 〈한국군의 베트남 참전. 어떻게 기억되고 있는가?〉, 《민주주의와인권》 9(1), 전남대5·18연구소, 2007.

최정운, 《오월의 사회과학: 사회과학자의 시선으로 새롭게 재구성한 5월 광주의 삶과 진실》, 오월의봄, 2012.

커밍스, 브루스, 〈냉전 구조들과 한반도의 지역적·전 지구적 안보〉, 황정아 옮김, 《창작과비평》 112, 2001.

코헨, 스탠리, 《잔인한 국가 외면하는 대중》, 조효제 옮김, 창작과비평사, 2009(*States of Denial: Knowing about Atrocities and Suffering*, Polity, 2001).

하프, 바버라, 〈제노사이드 발생의 원인〉, 이시도르 왈리만 외 편, 《현대사회와 제노사이드》, 장원석·강경희·허호준·현신웅 옮김, 각, 2005("The etiology of genocides", Isidor Wallimann, Michael Dobkowski and Richard L. Rubenstein, eds. *Genocide and the Modern Age: Etiology and Case Studies of Mass Death*, Greenwood Press, 1987).

한국기자협회 편, 《5·18 특파원리포트》, 풀빛, 1997.

한국현대사사료연구소, 《광주오월민중항쟁사료전집》, 풀빛, 1990.

허시, 허버트, 《제노사이드와 기억의 정치》, 강성현 옮김, 책세상, 2009(*Genocide and the Politics of Memory: Studying Death to Preserve Life*, Univ of North Carolina Press, 1995).

5·18기념재단 편, 《5·18의 기억과 역사 5》, 2013.

5·18사료편찬위원회 편, 《5·18민주화운동 자료총서 XI》, 1997.

《경향신문》, 1948.2.29.; 1961.5.26.; 1980.5.31.; 1980.7.4.; 1996.12.9.; 2005.1.13.; 2021.6.1.; 2020.5.17.

《노컷뉴스》, 2007.5.18.; 2023.2.3

《대통령기록관》, http://www.pa.go.kr/online_contents/ index_record.html(검색일: 2012.6.29.~2012.7.9. 2013.6.10~2013.10.2.)

《동아일보》, 1948.9.28. 1948.11.5. 1980.4.16. 1980.5.17. 1980.5.26. 1980.5.29.

1992.11.17. 1996.10.22.

《매일경제》, 1972.1.11. 1980.5.1. 1980.5.26.

《서울신문》, 1948.8.15. 1980.5.25. 1980.5.30.

《시사IN》, 2021.11.29.

《연합뉴스》, 2021.3.12

《월간예향》, 1990.5.

《위키백과》, http://ko.wikipedia.org/wiki(검색일 2012.5.10. 2013.5.14.)

《조선일보》, 1980.5.25. 1996.4.23.

《중앙일보》, 1980.5.26. 1980.5.29.

《프레시안》, 2022.1.28.

《한국일보》, 2018.10.27.

《한겨레》, 1996.1.18.

Bartov, Omer, *Hitler's Army: Soldiers, Nazis, and War in the Third Reich*, Oxford University Press, 1992.

Charny, Israel, "Classification of denials of the Holocaust and other genocides.", Samuel Totten, Paul R. Bartrop eds, *The Genocide Studies Reader*, Routledge, 2009.

Fein, Helen, "Accounting for Genocide after 1945: Theories and Some Findings", *International Journal on Group Rights* 1, 1993.

Gastil, Raymond D., *Freedom in the World: Political Rights and Civil Liberties*, Freedom House, 1978; 1980; 1982.

Goldhagen, Daniel, *Hitler's Willing Executioners: Ordinary Germans and the Holocaust*, Knopf, 1996.

Halbwachs, Maurice, *The Collective Memory*, tr. Francis J. Ditter Jr., Vida Yazdi Ditter, Harper, 1980.

Harff, Barbara and Ted Robert Gurr, "Toward Empirical Theory of Genocides and Politicides: Identification and Measurement of Cases since 1945", *International Studies Quarterly* 32(3), 1988.

Harff, Barbara, "No Lessons Learned from the Holocaust? Assessing Risks of Genocide and Political Mass Murder since 1955", *American Political Science Review* 97(1), 2003.

Hawkins, Darren G., *International Human Rights and Authoritarian Rule in Chile*, University of Nebraska Press, 2002.

Hintjens, Helen M., "Explaining the 1994 genocide in Rwanda", *The Journal of Modern African Studies* 37(2), 1998.

Hinton, Alexander Laban, "The Dark Side of Modernity: Toward an Anthropology of Genocide", Alexander Laban Hinton ed., *Annihilating Difference: The Anthropology of Genocide*, University of California Press, 2002.

Jones, Adam, *The Scourge of Genocide: Essays and Reflections*, Routledge, 2013.

Krain, Matthew, "J'accuse! Does Naming and Shaming Perpetrators Reduce the Severity of Genocides or Politicides?", *International Studies Quarterly* 56(3), 2012.

Krauss, Beatrice, Herbert Krauss, and Richard Kaplan, "Factors affecting veterans' decisions to fire weapons in combat situations", *International Journal of Group Tensions* 4, 1974.

Kuper, Leo, *Genocide*, Yale University Press, 1981.

Kuperman, Alan J., "The Moral Hazard of Humanitarian Intervention: Lessons from the Balkans", *International Studies Quarterly* 52 (1), 2008.

Lemarchand, René, *Forgotten genocides*, University of Philadelphia, 2011.

Marshall, S. L. A., *Men Against Fire: The Problem of Battle Command in Future War*, William Morrow, 1947.

Miller, Richard Lawrence, *Nazi Justiz: Law of the Holocaust*, Praeger, 1995.

Oberdorfer, Don, *The Two Koreas: A Contemporary History*, Basic Books, 2013.

Olson Jr, Mancur, *The Logic of Collective Action: Public Goods and the Theory of Groups*, Harvard University Press, 1971.

Parent, Genevieve, "Genocide Denial: Perpetuating Victimization and the Cycle of Violence in Bosnia and Herzegovina (BiH)", *Genocide Studies and Prevention: An International Journal* 10(2), 2016.

Rounnometf, Victor, *Collective Memory, Natural Identity, and Ethnic Conflict*, Prager, 2002.

Schwartz, Barry, "Memory as a Cultural System: Abraham Lincoln in

World War II", *American Social Review* 61(5), 1996.

Sheehan, James J., "National socialism and German society", *Theory and Society* 13(6), 1984.

Smith, Roger W., Eric Markusen and Robert Jay Lifton, "Professional ethics and denial of the Armenian genocide", *Holocaust and Genocide Studies* 9(1), 1995.

Stepan, Alfred, *Authoritarian Brazil: Origins, Policies and Future*, Yale University Press, 1973.

Stepan, Alfred, "The New Professionalism of Internal Welfare and Military Role Expansion", Alfred Stepan ed., *Authoritarian Brazil: Origins. Policies and Future*, Yale University Press, 1973.

Waite, Robert G. L., "The Holocaust and historical explanation", Isidor Wallimann, Michael Dobkowski, and Richard L. Rubenstein eds, *Genocide and the Modern Age: Etiology and Case Studies of Mass Death*, Greenwood Press, 1987.

Ewelina, U., "Denial Is the Final Stage Of Genocide, The Armenians Know It Best", *Forbes*, 2019.12.17.

Gregory, H., "The Ten Stages of Genocide", 2016. http://genocidewatch.net/genocide-2/8-stages-of-genocide/(검색일: 2022.1.16)

Mijatovic, Dunja, "Opinion: Genocide denial concerns us all", 2020.11.7. https://www.coe.int/en/web/commissioner/-/opinion-genocide-denial-concerns-us-a-1?inheritRedirect=true&redirect=%2Fen%2Fweb%2Fcommissioner%2Fopinion-articles ennsylvania Press(검색일: 2022.1.15).

"American in Seoul for Loan Talks At Tense Time in U.S.-Korea Ties; Leverage for United States Draft Charter Is Due in July", *New York Times*, 1980.6.3.

"Military Rule in South Korea Gives White House a Major Challenge; Problem Tied to Security Information Not Complete", *New York Times* 1980.5.29.

오월의 정치사회학

초판 1쇄 펴낸날 2023년 5월 10일
지은이 곽송연
펴낸이 박재영
편집 이정신·임세현·한의영
마케팅 신연경
디자인 조하늘
제작 제이오
펴낸곳 도서출판 오월의봄
주소 경기도 파주시 회동길 363-15 201호
등록 제406-2010-000111호
전화 070-7704-5018
팩스 0505-300-0518
이메일 maybook05@naver.com
트위터 @oohbom
블로그 blog.naver.com/maybook05
페이스북 facebook.com/maybook05
인스타그램 instagram.com/maybooks_05

ISBN 979-11-6873-058-8 93300

만든 사람들
책임편집 박재영
디자인 조하늘